I ♥ KAWAII
EL ARTE JAPONÉS PARA DIBUJAR COSAS DULCES

T0019830

Este libro es de:

....

....

I ♥ KAWAII

EL ARTE JAPONÉS PARA DIBUJAR COSAS DULCES

Angela Nguyen

Publicado en España por Magazzini Salani

Magazzini Salani es un sello de Adriano Salani Editore s.u.r.l.

ISBN 978-88-9367-740-0

Impreso en China

Primera edición: enero de 2020

Primera reimpresión: abril de 2021

Traducción de Alena Pons

ÍNDICE

EL MUNDO
DE ANGELA

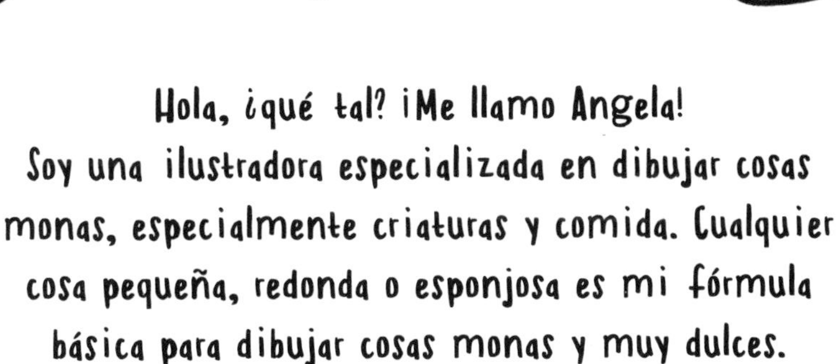

Hola, ¿qué tal? ¡Me llamo Angela!
Soy una ilustradora especializada en dibujar cosas monas, especialmente criaturas y comida. Cualquier cosa pequeña, redonda o esponjosa es mi fórmula básica para dibujar cosas monas y muy dulces.

Desde que tengo memoria, he tenido la necesidad de dibujar cosas monas.

Las cosas monas tienen algo que siempre te alegra el día.

Quiero ayudarte a aprender cómo dibujar comida y criaturas monas para que tú también puedas alegrarle el día a los demás. Estamos constantemente rodeados de animales y (sobre todo) de comida, así que no te faltará inspiración a lo largo de tu vida. Acompáñame para crear tus propias fusiones de animales y comida.

Angela Nguyen

HERRAMIENTAS Y MATERIALES
10
ANIMALES DE COMIDA: NOCIONES BÁSICAS
12
PRINCIPIOS MONOS
14
DAR VIDA A TUS DIBUJOS
16

Capítulo uno

CÓMO EMPEZAR

No necesitas herramientas o materiales especiales para dibujar comida mona. Experimenta con tus bolígrafos, lápices de colores y materiales para ver cómo dar un toque mono a tus dibujos.

HERRAMIENTAS Y MATERIALES

Hay muchos tipos de materiales que puedes utilizar para dibujar y pintar tus fusiones monas de comida y animales. Estas son algunas de las herramientas que más me gusta utilizar.

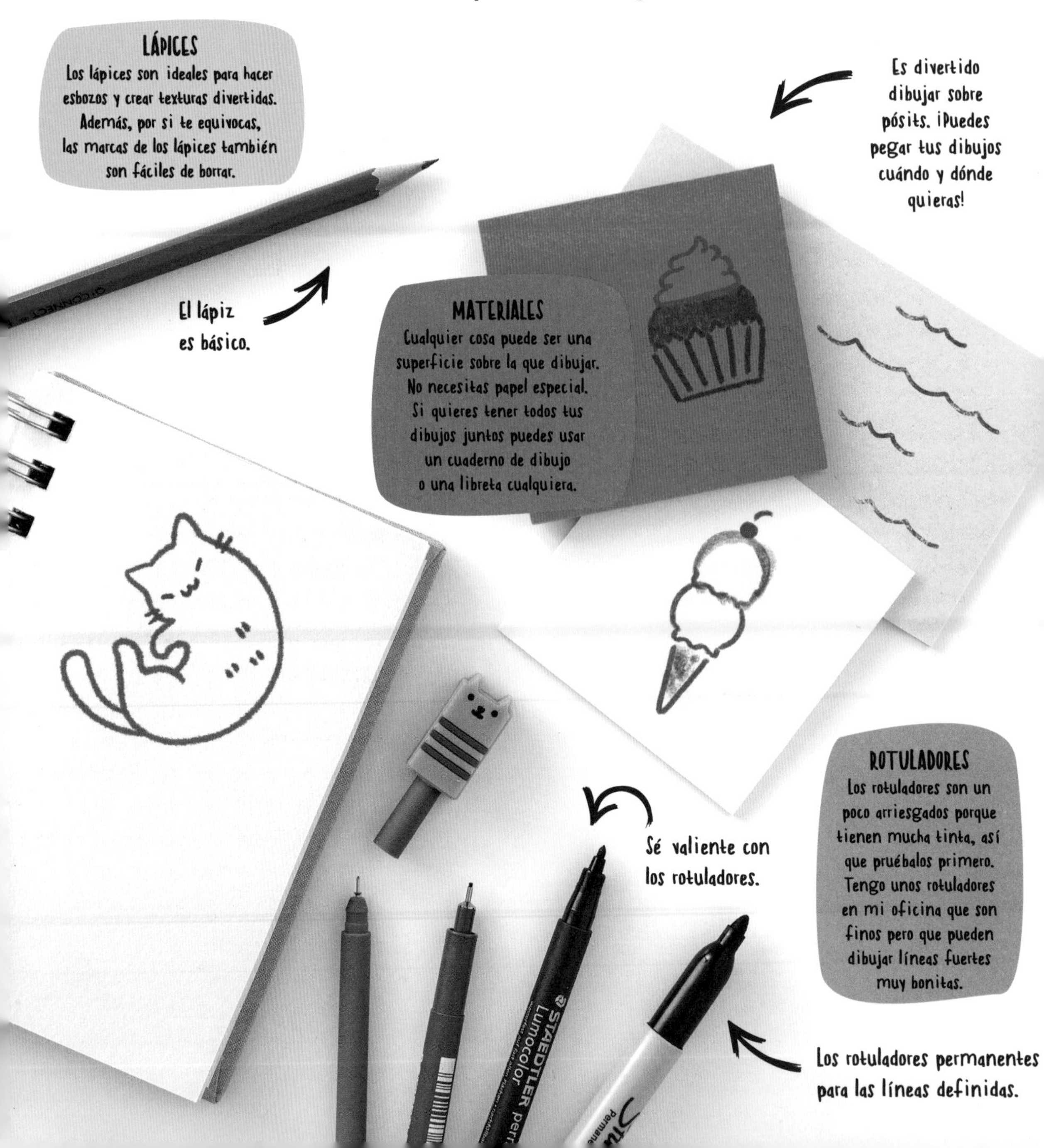

CERAS DE COLORES
Si vas a pintar mucho, puede ser divertido jugar con las ceras. Tienen una textura interesante y hacen trazos gruesos.

Procura que no te caigan los lápices de colores o se les romperá la punta.

¡Mira lo que se puede hacer con ceras!

BOLÍGRAFOS
¡Son mis favoritos! Los bolígrafos son geniales para las líneas finas. Puedes hacer trazos muy precisos, lo que es ideal para bigotitos o detalles delicados.

Usa rotuladores permanentes para colores vivos y brillantes.

Los metalizados le añaden brillo.

Con los bolis no hay marcha atrás.

Acuérdate siempre de tapar los bolígrafos y rotuladores si no quieres que se sequen.

ANIMALES DE COMIDA: NOCIONES BÁSICAS

Hay muchas maneras de dibujar animales de comida. Aquí tienes algunas ideas para ir empezando.

OREJAS DE ANIMALES

Simplemente cambiar la forma de las orejas puede ser la clave para darle variedad a tus creaciones de animal-comida. Los gatos tienen orejas triangulares. Las orejas de los perros son más caídas. Las de los conejos son más largas y los osos las tienen un poco más redondas.

A medida que vayas dominando lo básico, intenta algo más difícil, como dibujar a un animal entero, utilizando algo de comida para hacer su cuerpo.

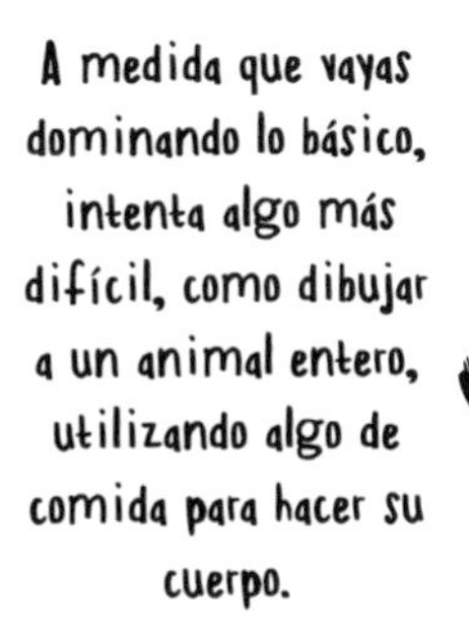

El otro truco es convertir la mitad del alimento en animal. Aquí solo he hecho un perrito con la parte de arriba del pan.

PRINCIPIOS MONOS

Puedes adaptar estos sencillos pasos siempre que quieras dibujar algo de comida con forma de animal.

PASO 1: LA BASE

La mayoría de los animales se basan en unas pocas formas simples. Empieza con la base, usando solo formas. Por ejemplo, dos círculos, uno para la cara y uno para el cuerpo. Añadir las orejas ayuda a definir al animal.

PASO 2: EXTREMIDADES

¡Las extremidades son divertidas! Salen del cuerpo en la dirección que elijas. Dependiendo del animal, puedes hacerlas largas o cortas. La cara es muy fácil, solo unos cuantos puntos y unas líneas y el animal cobra vida.

PASO 3: DETALLES

Añade los detalles del animal y la comida. Esto incluye líneas adicionales, texturas u otras características que quieras que se vean.

PASO 4: COLOREAR

Por último, remata el dibujo con colores pastel. Los colores claros harán que tu animal-comida quede monísimo.

LAS TRES REGLAS PARA EL "ENCANTO MONO"

PRIMERA REGLA: **SIMPLIFICA**
¡Al concentrarte menos en los detalles, puedes centrarte más en que quede mono! Usa pocas líneas y trazos simples y redondos.

REGLA 2: COLORES CLAROS
Usa colores pastel para dar luz a tus dibujos. Los colores oscuros, intensos o aburridos harán que tus dibujos se vean demasiado serios (¡úsalos si eso es lo que quieres!).

REGLA 3: REDONDEA
Las formas redondas como los círculos y las curvas son agradables para la vista. Hacen que tu dibujo se vea simpático. Mira qué gorditos y tiernos son estos ositos de goma.

DAR VIDA A TUS DIBUJOS

Con unos cuantos trazos más con el boli puedes darle vida al animal-comida.

MOVIMIENTO

Las líneas de acción son como efectos especiales que puedes poner junto a tus animales-comida para darles movimiento.

EMOCIÓN

Cambia el tamaño de los ojos, las cejas y la boca para mostrar qué siente tu animal. Aquí tienes algunas ideas.

SONRIENTE
Cara neutra

FELIZ
Boca abierta

RELAJADO
Ojos cerrados

TRISTE
Lágrima y boca mirando hacia abajo

ENFADADO
Boca molesta y nube de vapor

SORPRENDIDO
Boca redonda y signo de exclamación

ASUSTADO
Cejas de preocupación y boca fruncida

TONTITO
Lengua fuera

PALOMITAS
20
SNACKS
22
FRANKFURTS
24
NACHOS
26
BOLLOS AL VAPOR
28
PAN
30
SELECCIÓN DE QUESOS
32
PATATAS
34
APERITIVOS ENROLLADOS
36
BROCHETAS
38
COMIDA ENVUELTA EN VERDURA
40
ENSALADAS
42
CREMAS
44
BANDEJAS DE COMIDA
46
BANDEJAS DE COMIDA
48
VERDURAS RELLENAS
50

Capítulo dos

PICOTEO Y APERITIVOS

En este capítulo es posible que te encuentres criaturitas monas nadando en tu sopa o envueltos en una tortita calentita.

PALOMITAS

Palomitas del cine

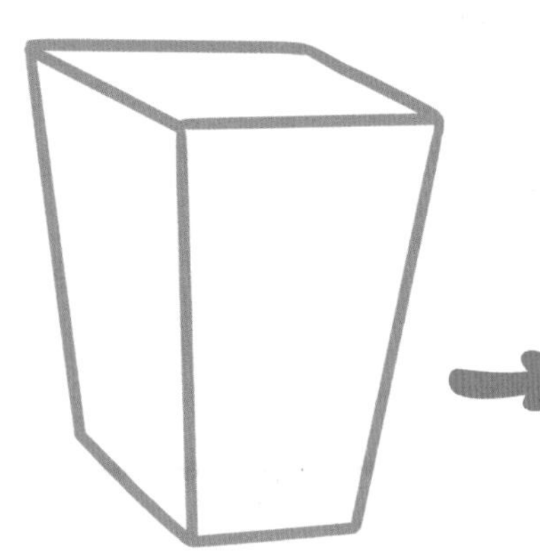

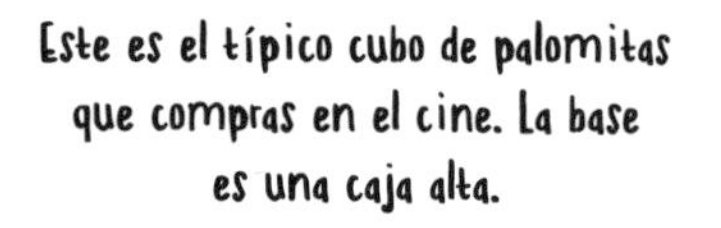

Este es el típico cubo de palomitas que compras en el cine. La base es una caja alta.

Dibuja la cara, orejas y extremidades de tu animal.

Después añádele el estampado de rayas de colores y las palomitas dentro.

Bolsa de palomitas

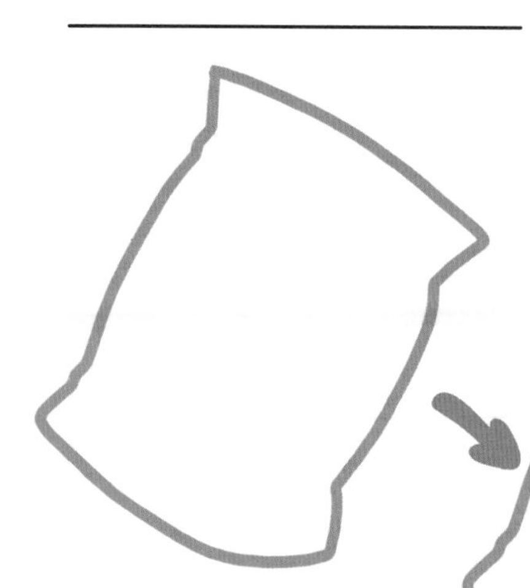

Las palomitas pueden venir en bolsa, como las patatas fritas.

Dibuja al animal en la bolsa. Parecerá parte del diseño de la bolsa.

Pinta las palomitas de marrón si te gustan con sabor a chocolate.

Máquina de hacer palomitas

Lo divertido de dibujar palomitas es que puedes ponerlas en diferentes lugares. Puedes tener palomitas en bolsas, en cubos o en máquinas, como esta.

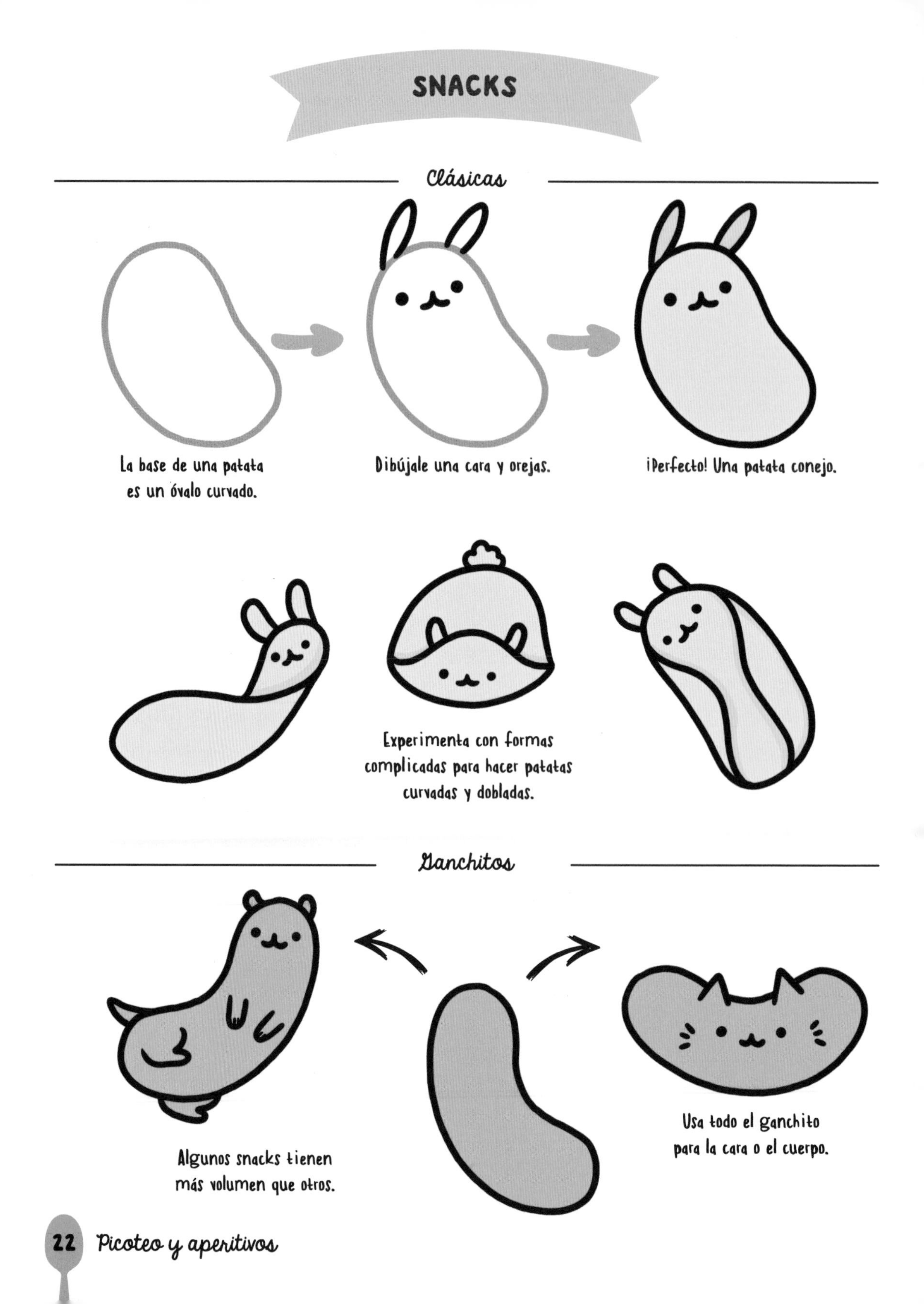
SNACKS
Clásicas
La base de una patata
es un óvalo curvado.
Dibújale una cara y orejas.
¡Perfecto! Una patata conejo.
Experimenta con formas
complicadas para hacer patatas
curvadas y dobladas.
Ganchitos
Algunos snacks tienen
más volumen que otros.
Usa todo el ganchito
para la cara o el cuerpo.
22 Picoteo y aperitivos

Bolsas de patatas

Puedes decorar una bolsa
de patatas como quieras.

Dibuja algunas patatas
y ponle alguna etiqueta
al paquete.

Prueba también convertir
toda la bolsa en un animal,
como este.

O el animal puede formar
parte del diseño de la bolsa.

FRANKFURTS

Perrito caliente

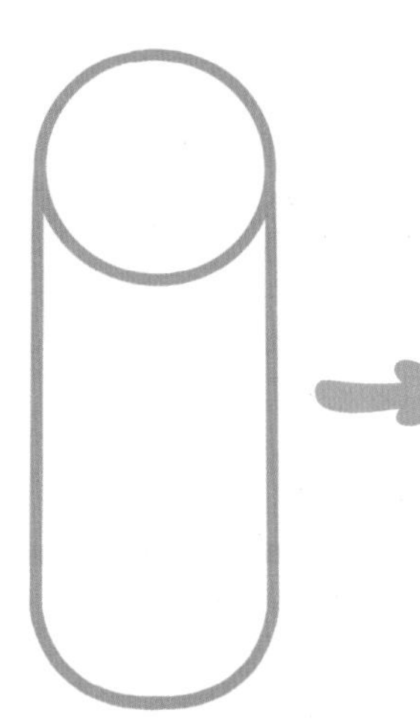

Cada perrito caliente empieza con un cilindro. Reserva el círculo superior para la cara.

Dibuja el pan a los lados, como si estuviera abrazando al perro, y añádele orejas y cara.

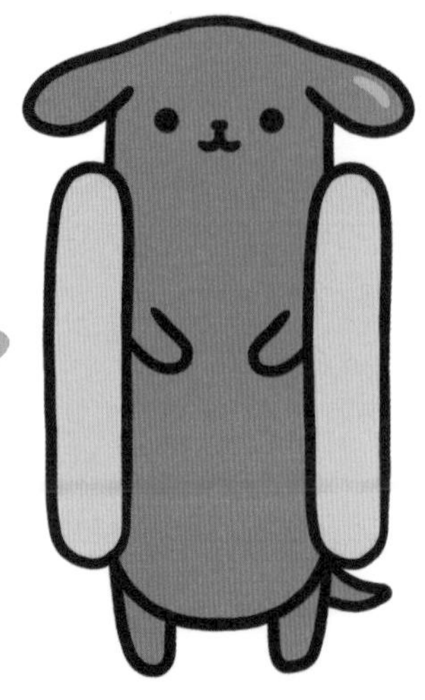

¡Añádele patas y cola para crear un perrito caliente tan pancho!

Frankfurt

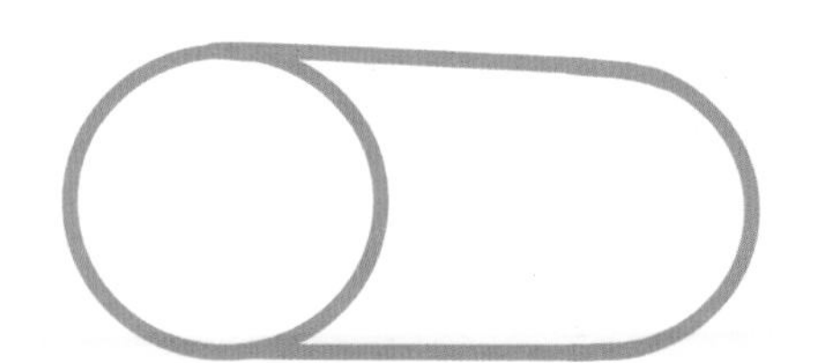

En esta versión el perrito caliente está de pie sobre sus patas. En vez de dibujar un cilindro vertical, dibuja uno horizontal.

Las patitas quedan por fuera del pan para que este perrito caliente pueda salir a correr y jugar.

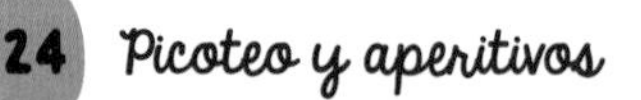

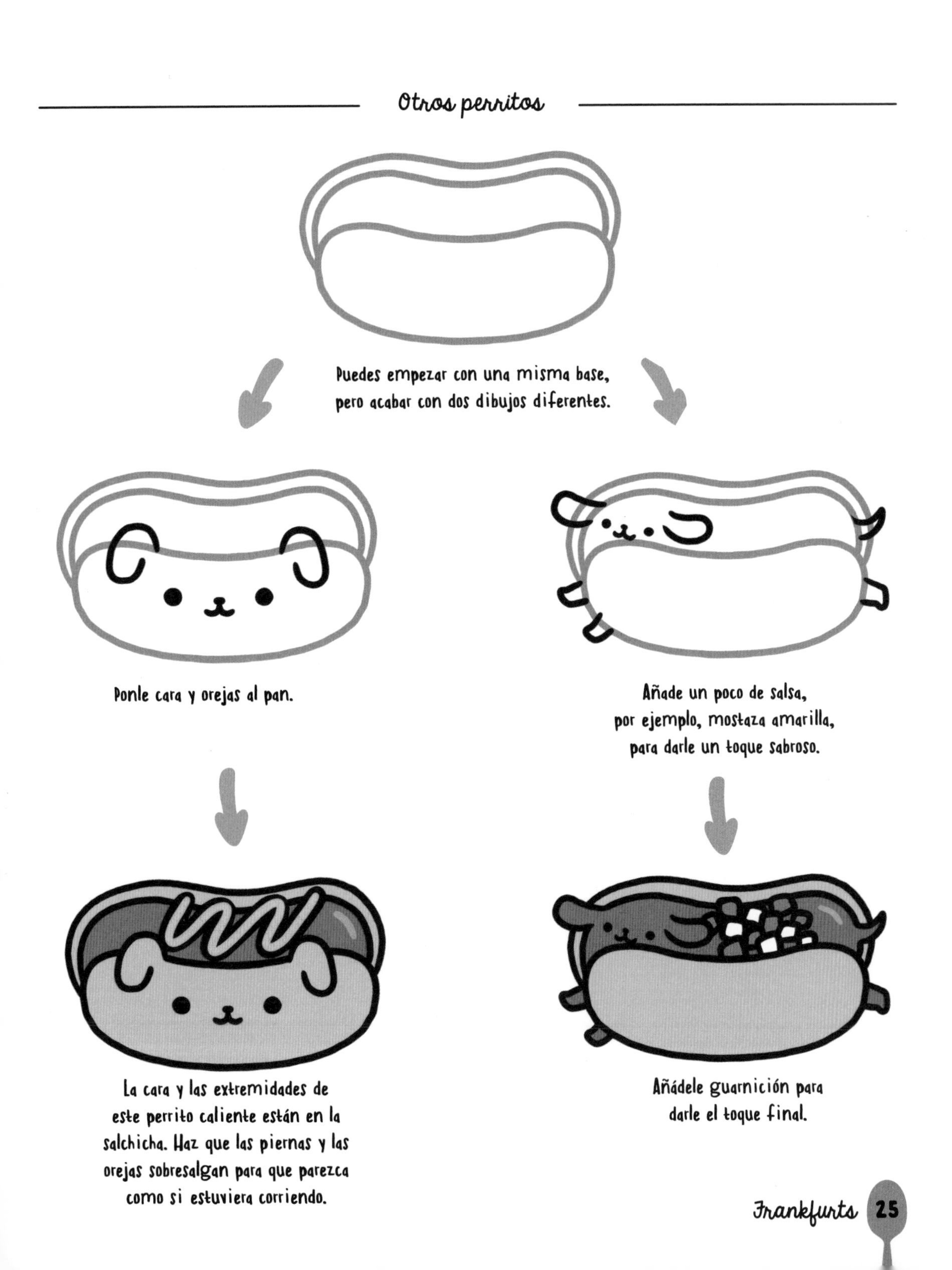
Otros perritos
Puedes empezar con una misma base, pero acabar con dos dibujos diferentes.
Ponle cara y orejas al pan.
Añade un poco de salsa, por ejemplo, mostaza amarilla, para darle un toque sabroso.
La cara y las extremidades de este perrito caliente están en la salchicha. Haz que las piernas y las orejas sobresalgan para que parezca como si estuviera corriendo.
Añádele guarnición para darle el toque final.

NACHOS

Caparazón de nachos

Empieza dibujando el caparazón de la tortuga: Es como cortar un círculo por la mitad.

Añádele la cabeza, las piernas y la colita.

Dibújale el gorrito y decora el caparazón con un estampado de nachos.

Nacho

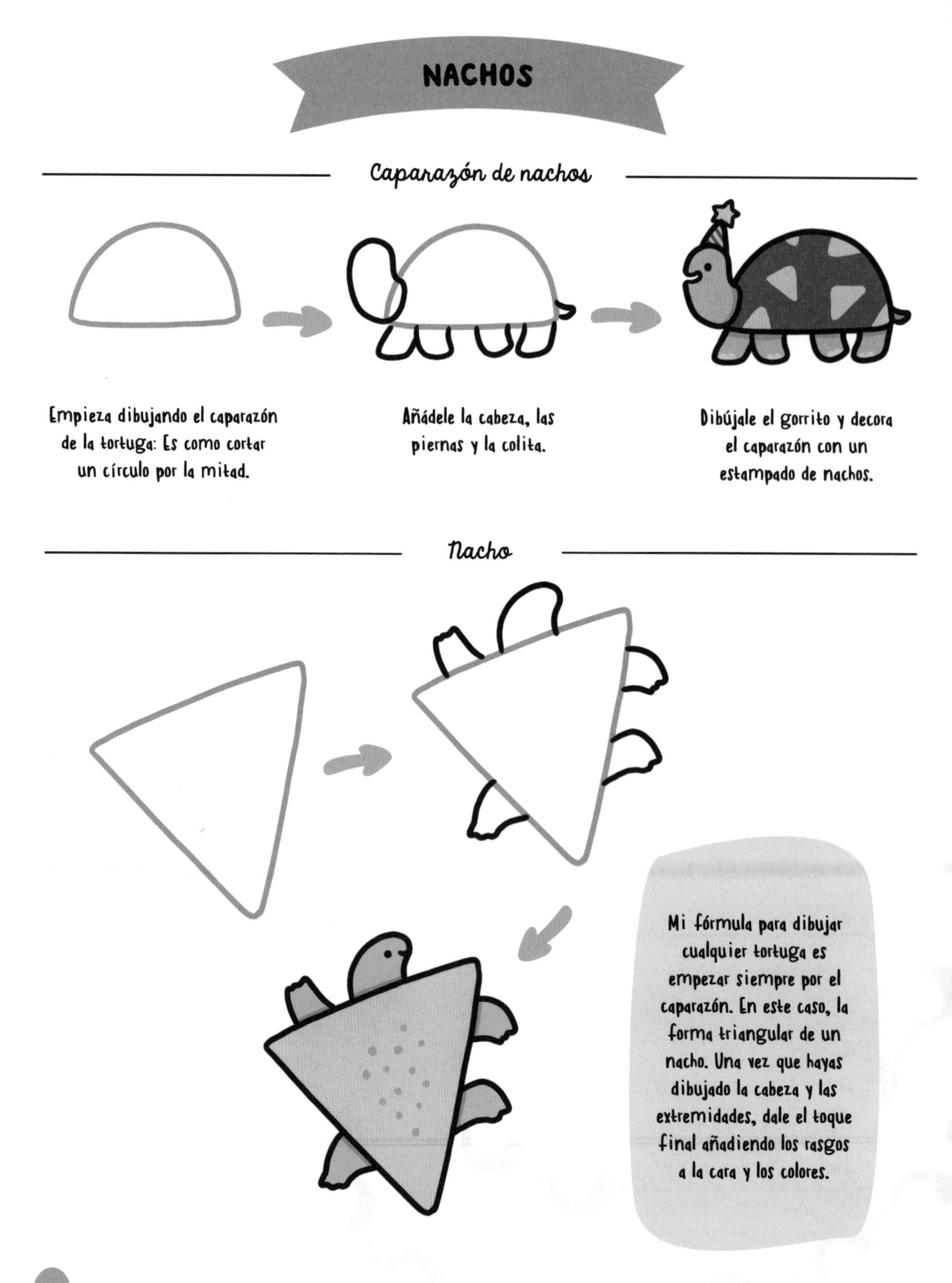

Mi fórmula para dibujar cualquier tortuga es empezar siempre por el caparazón. En este caso, la forma triangular de un nacho. Una vez que hayas dibujado la cabeza y las extremidades, dale el toque final añadiendo los rasgos a la cara y los colores.

Bandeja de fiesta

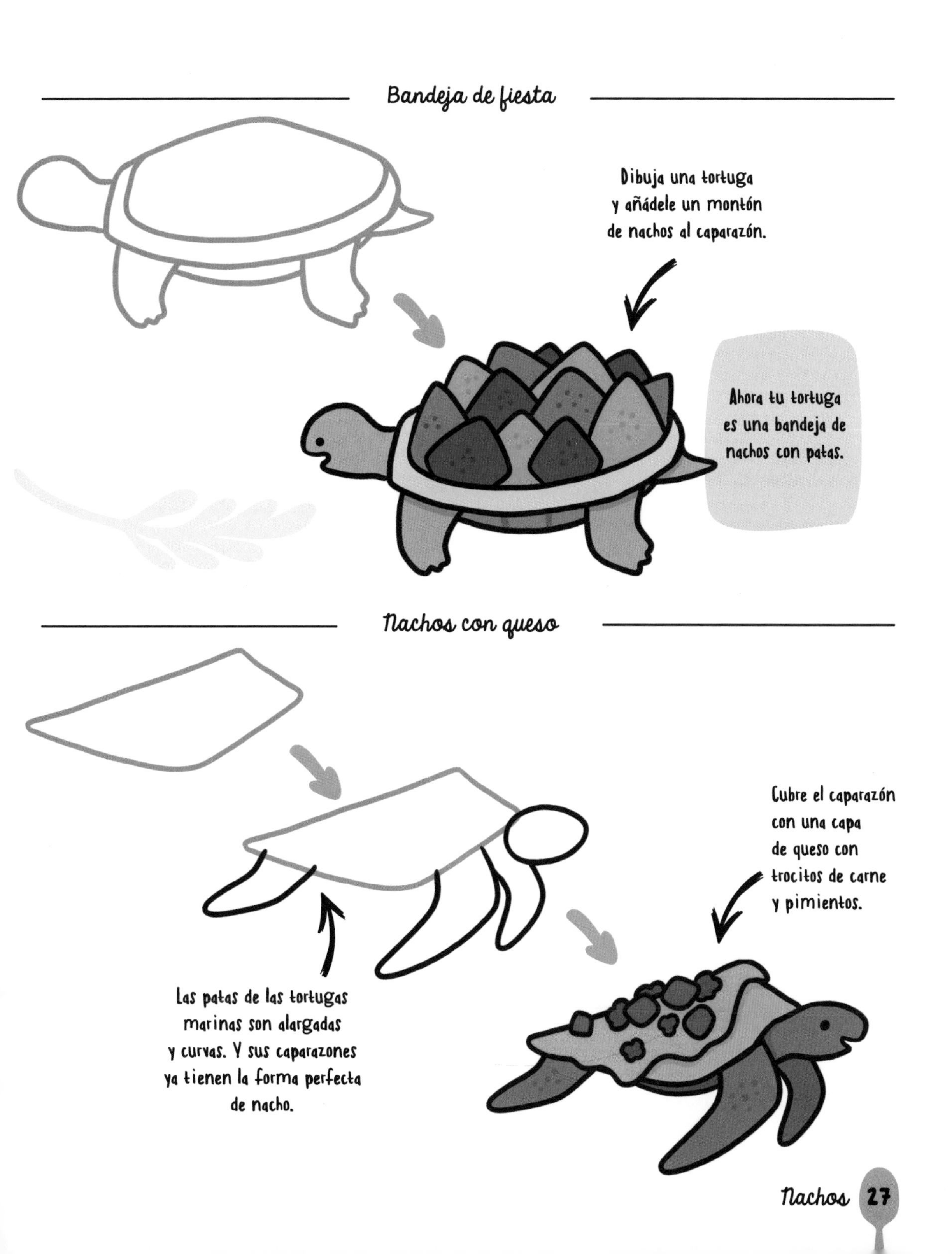

BOLLOS AL VAPOR

Bollos animales

Empieza el bollo con una forma ovalada.

Si quieres, puedes añadir los pliegues que cierran el bollo en la parte de arriba.

¡El último paso es la carita mona!

Puedes ponerles diferentes caras y orejas a tus bollitos para crear diferentes animales, pero la base ovalada siempre será la misma.

Bollo con doble pliegue

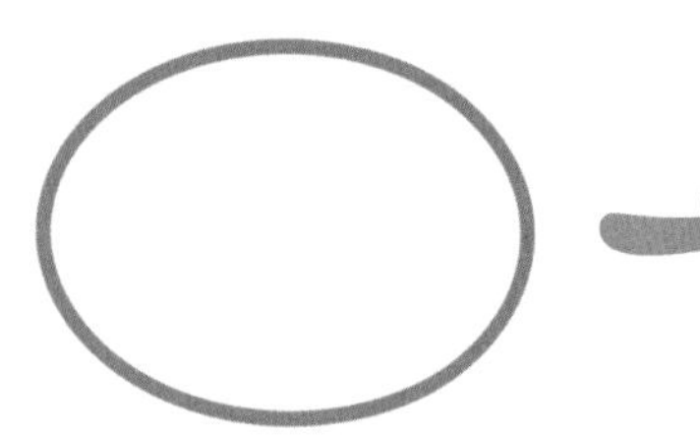

Ya sabes lo que toca: empieza con un óvalo.

Esta vez, pon pliegues en dos lados para que parezcan orejas.

Me gusta ponerles bigotes a mis bollos. ¡Este gato es tan mono!

Bollos en una vaporera

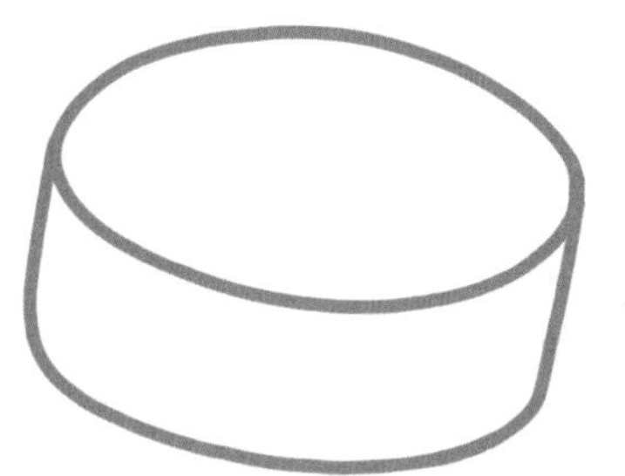

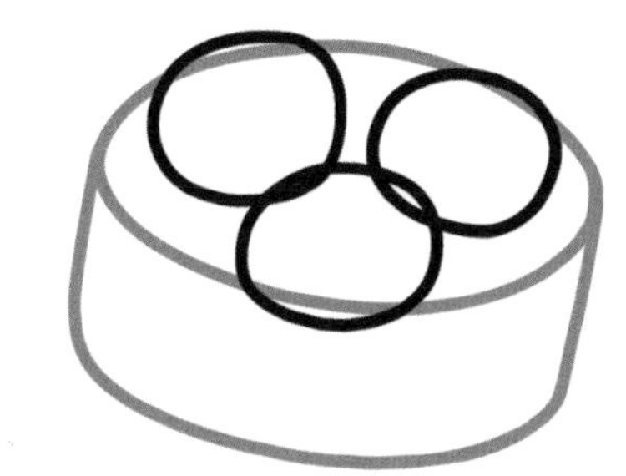

Dales a tus bollos casitas de bambú. Dibuja la forma básica de una vaporera de bambú.

Ahora añade las formas ovaladas de los bollos.

Dibuja los detalles y acabados.

Fíjate en cómo he dibujado los pliegues al bollo cogido con los palillos. ¡Au! ¿A que parece que al pobre bollo le estén tirando de verdad?

PAN

Bruschetta

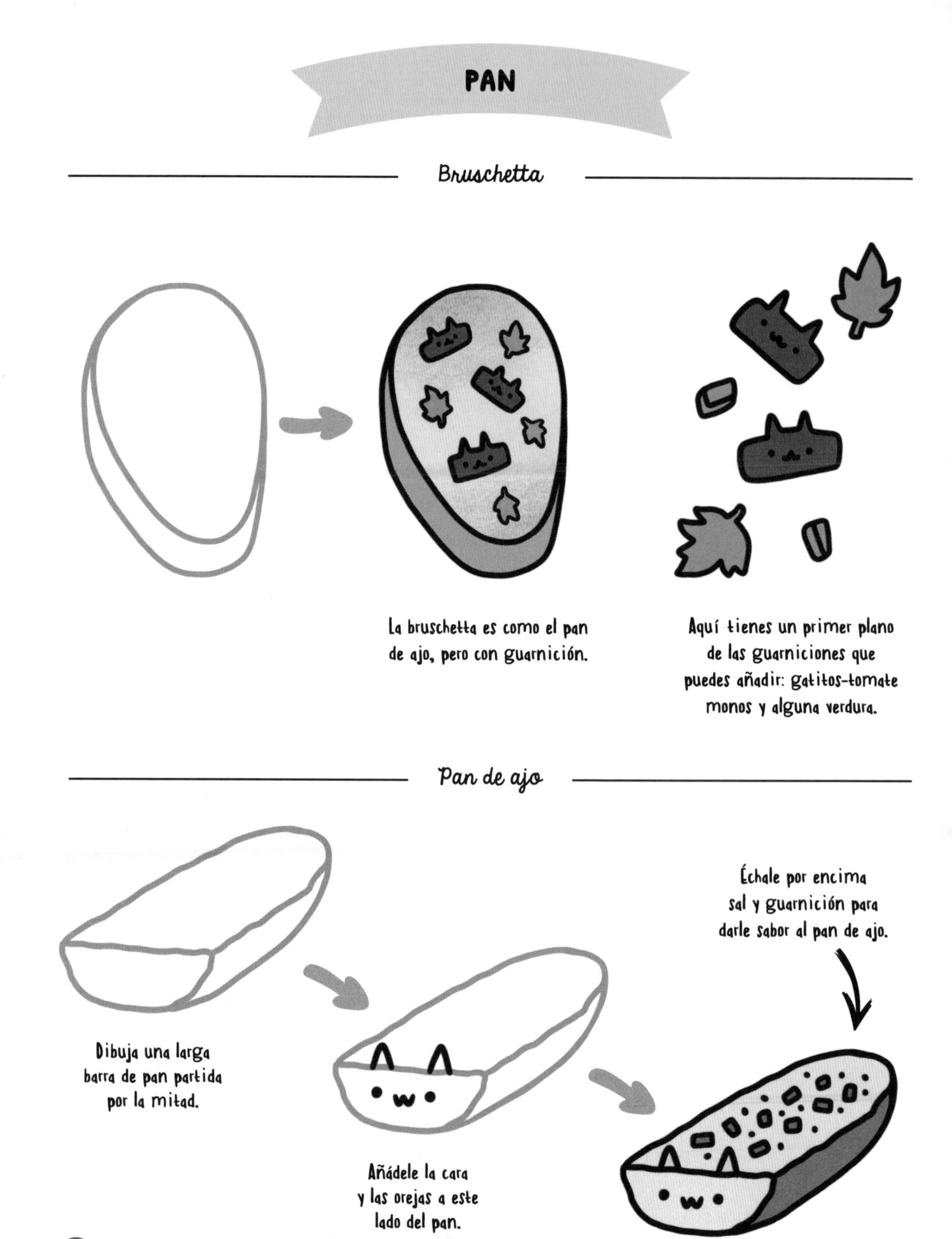

La bruschetta es como el pan de ajo, pero con guarnición.

Aquí tienes un primer plano de las guarniciones que puedes añadir: gatitos-tomate monos y alguna verdura.

Pan de ajo

Dibuja una larga barra de pan partida por la mitad.

Añádele la cara y las orejas a este lado del pan.

Échale por encima sal y guarnición para darle sabor al pan de ajo.

Dados de guarnición

Imagina que el pan es una casa para tus animales. Dales una superficie firme donde sentarse.

Añade varios cubos encima del pan, que miren en diferentes direcciones.

Puedes convertir tus dados de guarnición en tomates, pimientos o cualquier otra cosa que se te ocurra.

¿Qué pondrás encima de tu pan?

Sándwich abierto

Dibuja una base redonda de la hogaza de pan y dibuja una mancha de queso en la parte de arriba.

Añade las formas básicas de un animal dormido.

El colorido gatito rojo y su cojín de guisantes verdes destacan los colores claros del queso y el pan.

SELECCIÓN DE QUESOS

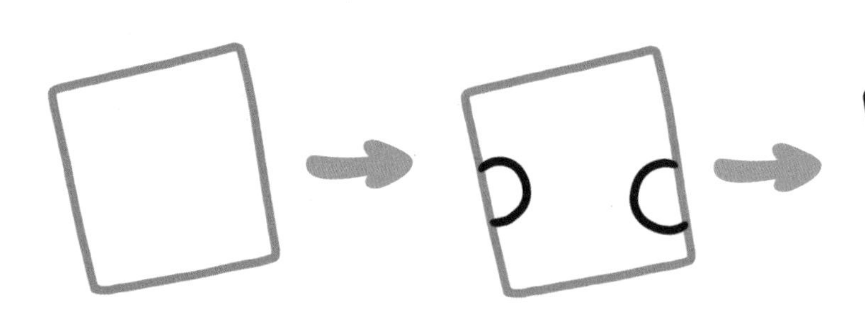

Un simple cuadrado con agujeros parecerá queso.

Los quesos cortados en triángulo me recuerdan a las cabezas de los cocodrilos, ¡así que eso es lo que he dibujado!

Rétate a ti mismo a dibujar muchas rebanadas de queso. ¡Son muchas caras de animales!

En lugar de una rebanada de queso plana, puedes intentar darle volumen al queso.

Practica haciendo múltiples cubos y dándole a cada uno una expresión diferente.

Decoraciones
para la bandeja.
Migas de queso.
Las salsas
son un buen
acompañamiento
para el queso.
Dibuja quesos de diferentes
formas y colores para que la
bandeja sea más apetitosa. ¡Las
combinaciones son infinitas!

PATATAS
Patatas fritas
Dibuja un recipiente para las patatas fritas.
Ahora dibuja dentro las patatas fritas de jirafa. ¡Parecen calcetines largos!
Dibújales las orejas y las caras.
Para dibujar una patata rizada, dibuja primero la base y luego añade líneas curvas para los rizos.
¿Sabías que un grupo de jirafas se llama vivero?
Bol de patatas fritas
Los recipientes también pueden tener forma de animal. Aquí tienes un bol gato.
Sé creativo con las guarniciones y las salsas. ¡Ñam! ¡Mayonesa de ajo!

Patatas asadas

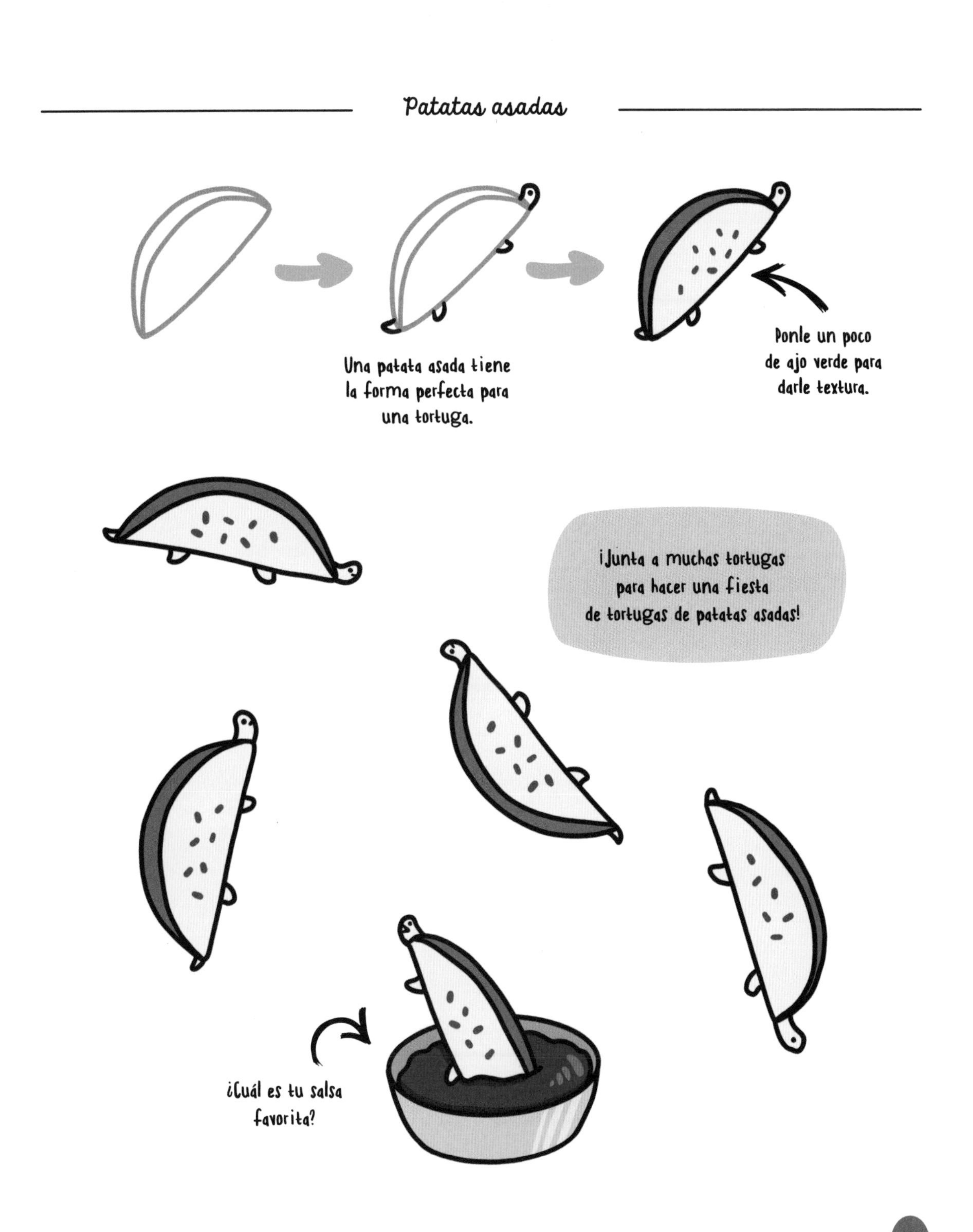

APERITIVOS ENROLLADOS

Minisalchicha enrollada

Burrito

La dirección de la cabeza de tu animal muestra en qué dirección se ha enrollado. Este gato rosa está patas arriba.

BROCHETAS

Pinchitos

Dibuja tres círculos, uno encima del otro.

Añade orejas y caras. Puedes dibujar el mismo animal tres veces, o mezclar animales diferentes.

Agarrados al pincho

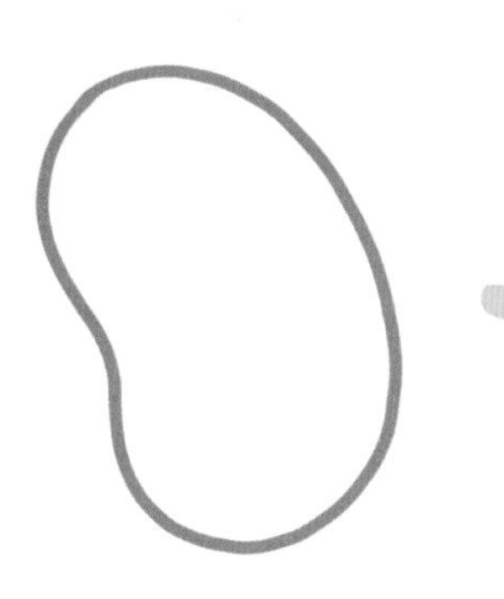

Dibuja una forma de judía para el cuerpo de tu animal, que se abrazará al pincho.

Añade las orejas, las extremidades y una cola esponjosa.

Continúa dibujando los rasgos de tu animal y añade un pincho al que se pueda abrazar.

Esta postura es perfecta para los animales a los que les gusta trepar o aferrarse a cosas. Puedes probar a hacer koalas, perezosos, monos o ardillas.

¿Sabías que los pandas adultos no pasan mucho tiempo escalando, pero que a los pandas bebés les encanta?

COMIDA ENVUELTA EN VERDURA
Rollito vegetal
La comida se puede envolver en hojas para proteger los ingredientes y aportarle mucho sabor. Este conejo está envuelto en una hoja que le hace de manta.
Envoltura triangular
Empieza con una base triangular redondeada.
Añade cara, orejas y una línea diagonal para marcar la parte principal de la hoja.
Completa el resto de la envoltura hecha de hojas, y no te olvides de poner un cordel para mantenerlo todo junto atado.
Envoltura de puro
Esta vez, dibuja un cilindro.
Dibuja la cara y las orejas del oso en la abertura del círculo y añádele las líneas de plegado del envoltorio.
Usa un color claro para el oso para que destaque con las hojas verde oscuro.

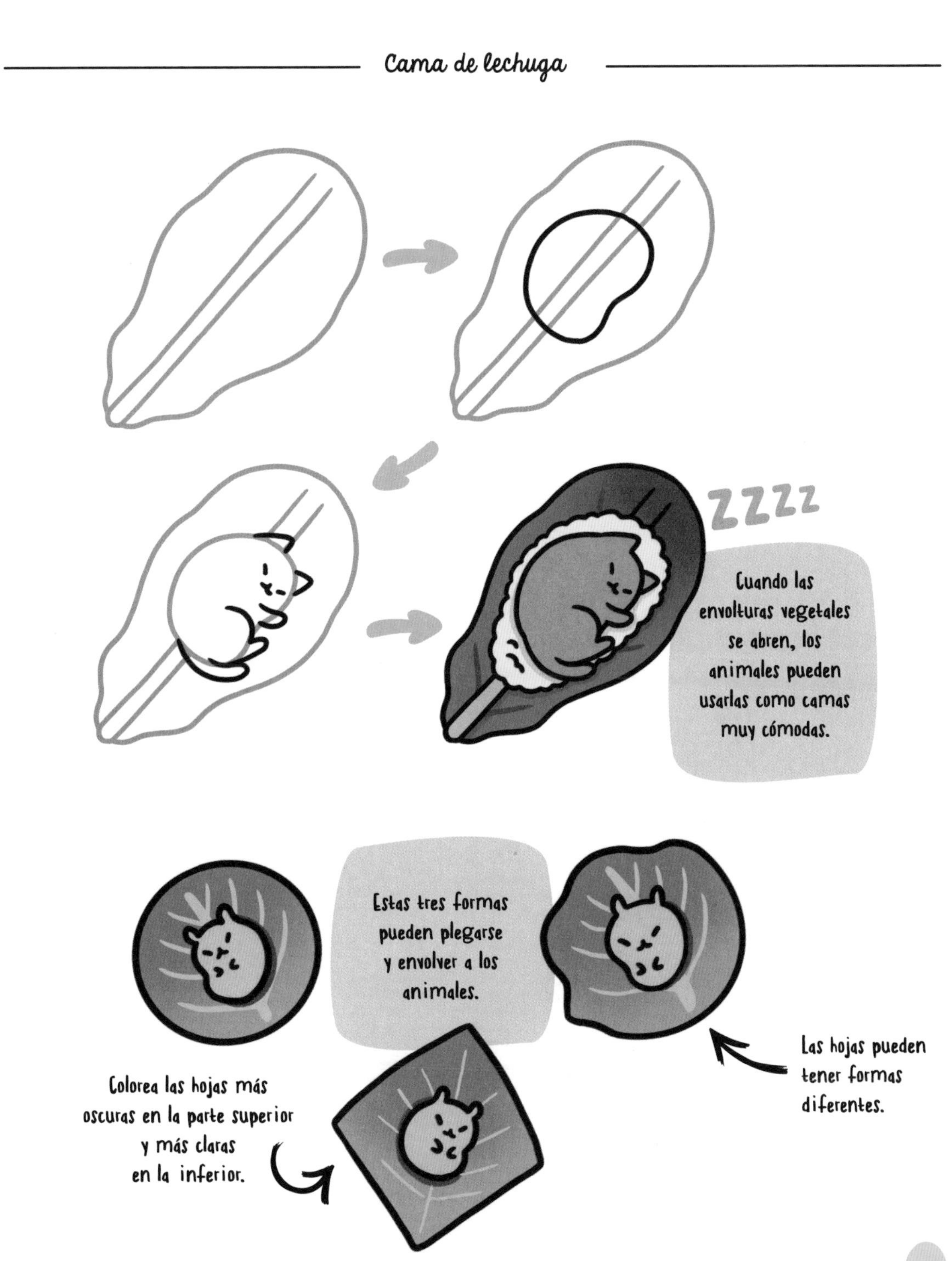
ZZZZ
Cuando las envolturas vegetales se abren, los animales pueden usarlas como camas muy cómodas.
Estas tres formas pueden plegarse y envolver a los animales.
Las hojas pueden tener formas diferentes.
Colorea las hojas más oscuras en la parte superior y más claras en la inferior.

ENSALADAS

Ensalada de lechuga

La base de todos los dibujos de ensaladas es un bol.

A continuación, dibuja las formas redondas de un tigre.

Después añade las patas y los rasgos faciales.

Dibuja ahora las rayas del tigre y añádele al bol algunos tomates.

Para acabar, dibuja una cama de lechuga para este minino grande.

Ensalada Mixta
Ya sabes qué hacer: ¡Dibuja tu bol!
Llena el recipiente con textura de hojas.
Añade ingredientes para hacer la cara de un animal, como olivas verdes para los ojos y rodajas de tomate para las orejas.
Ensalada de queso
Estas focas amarillas son como el queso en una ensalada verde muy saludable.

CREMAS

Tazón de sopa

Primero, dibuja un tazón.

A continuación, añade los detalles, como las asas y una base robusta.

Por último, dibuja una cara de animal en la taza y un poco de guarnición para la sopa de pescado.

Crema con biscotes

Este perezoso se está relajando en un balneario de crema. Coloca al perezoso en el borde del tazón y dibuja sus brazos a lo largo del borde.

Bol de sopa de pescado

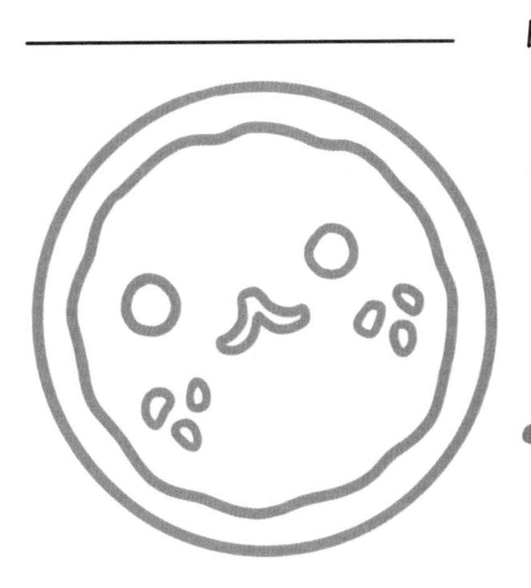

Dibuja una sopa en un tazón y usa los ingredientes que quieras para hacer una cara.

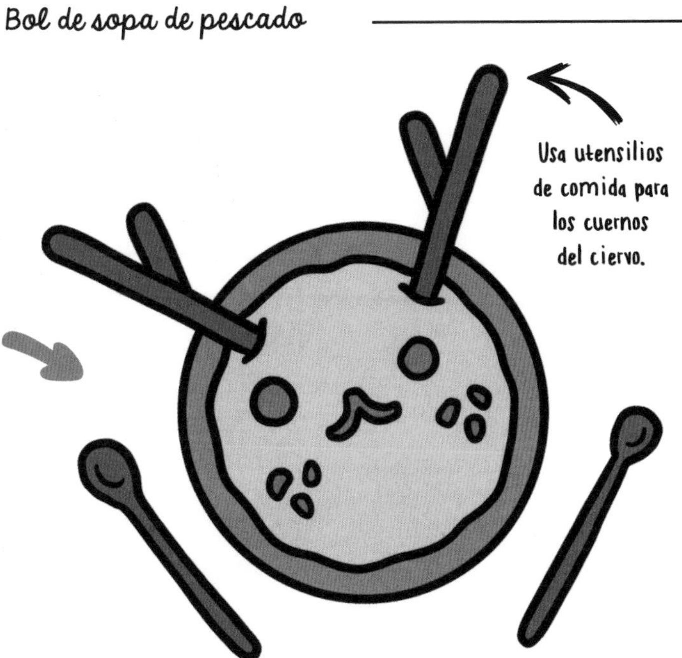

Usa utensilios de comida para los cuernos del ciervo.

Nadando en sopa

¡Los caimanes parecen verduras verdes! Un gran ingrediente para un gran tazón de sopa.

BANDEJAS DE COMIDA

Bandeja de sándwiches

Bandeja de fruta

Una bandeja de fruta puede contrastar mucho con una de entremeses. Las de fruta quedan vibrantes y llenas de colorido.

UN POCO DE MAÍZ

Maíz en la mazorca

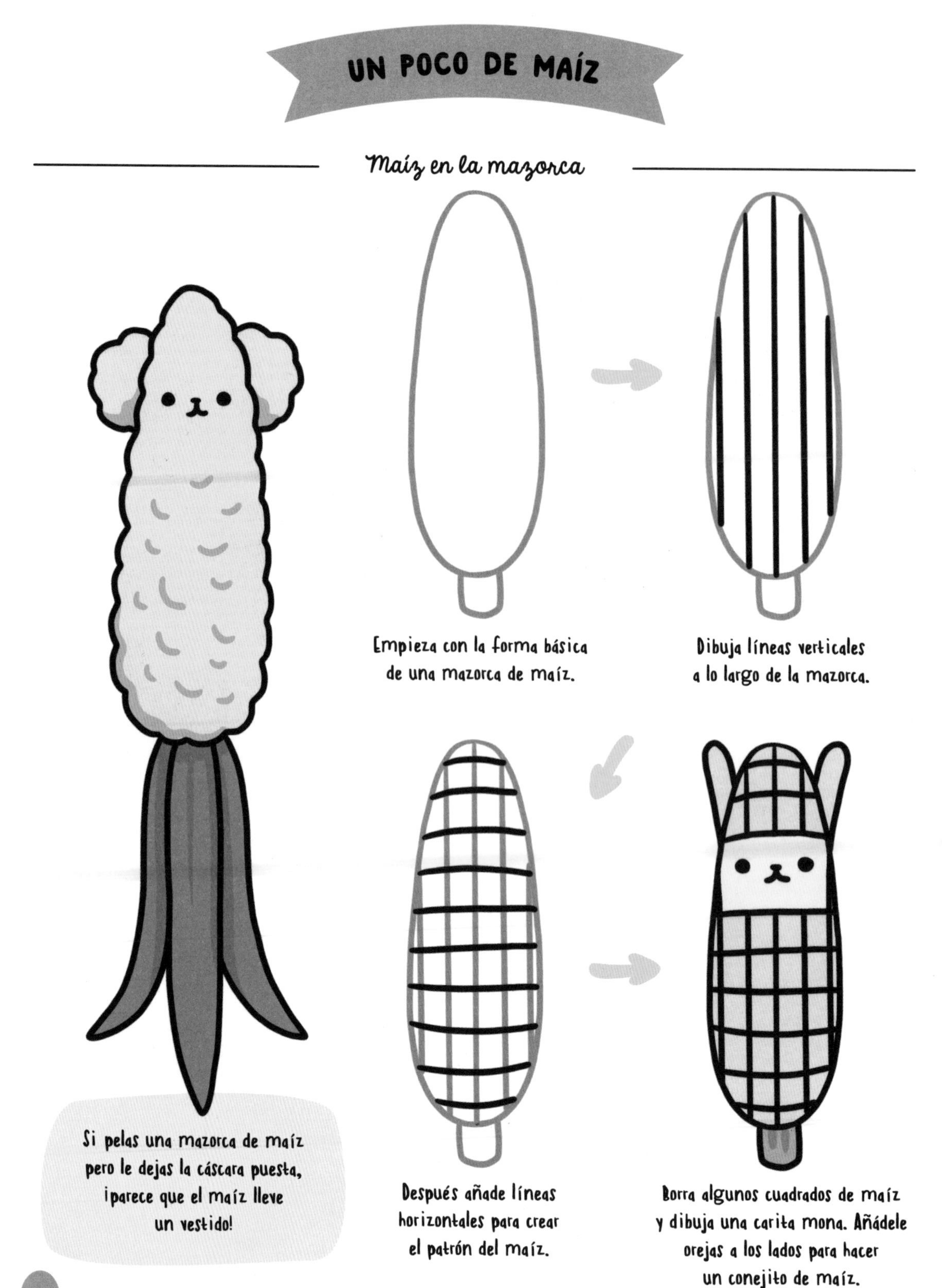

Si pelas una mazorca de maíz pero le dejas la cáscara puesta, ¡parece que el maíz lleve un vestido!

Pan de maíz

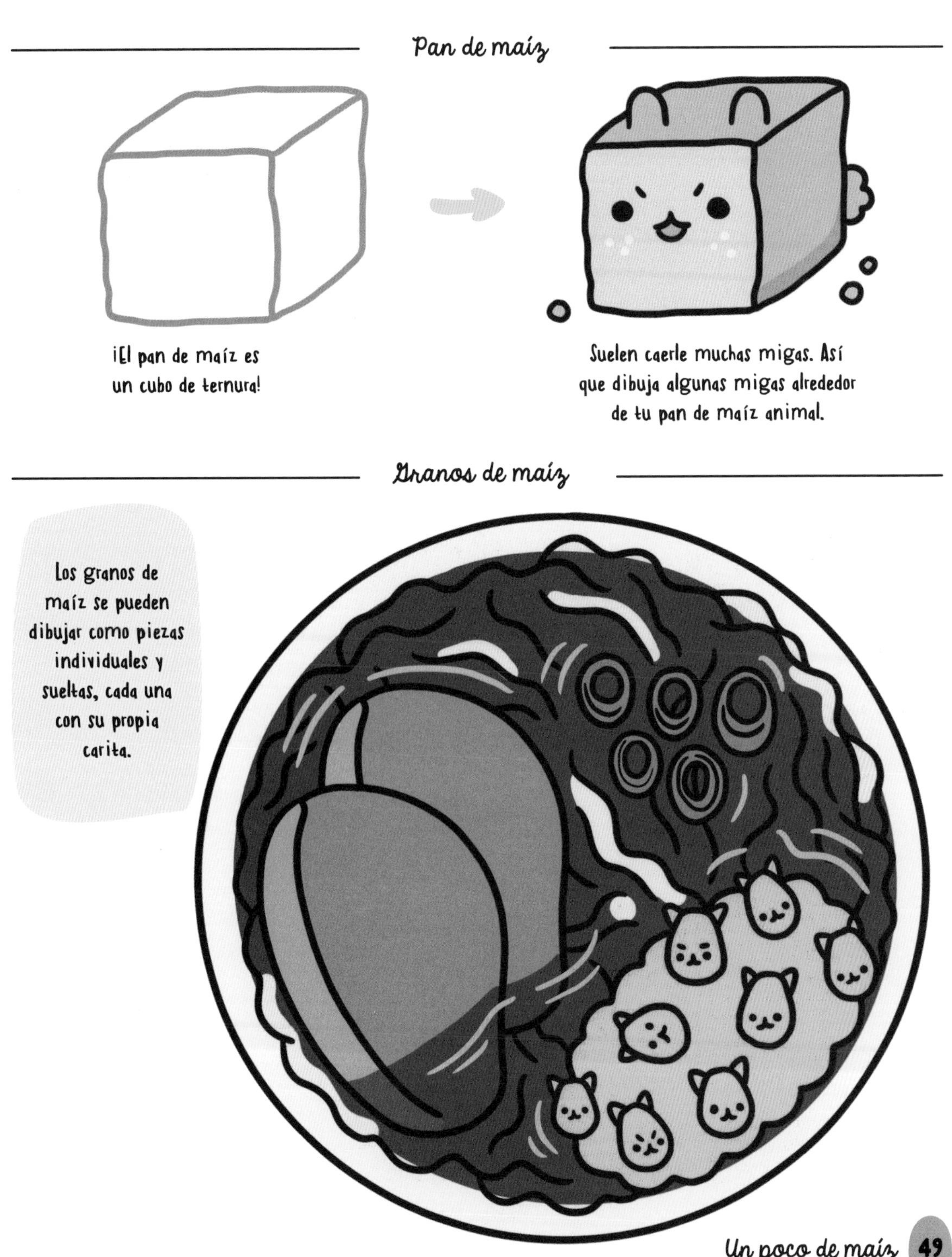

¡El pan de maíz es un cubo de ternura!

Suelen caerle muchas migas. Así que dibuja algunas migas alrededor de tu pan de maíz animal.

Granos de maíz

Los granos de maíz se pueden dibujar como piezas individuales y sueltas, cada una con su propia carita.

VERDURA RELLENA

Pimientos

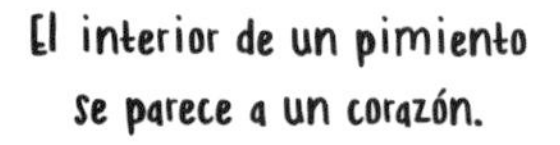

El interior de un pimiento se parece a un corazón.

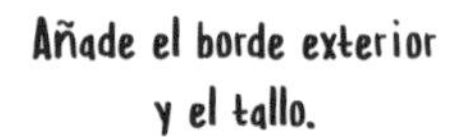

Añade el borde exterior y el tallo.

Haz que el interior del pimiento sea una cama acogedora para un animal que está haciendo la siesta.

Si cortas el pimiento verticalmente puedes hacer dos camitas calentitas para gatitos.

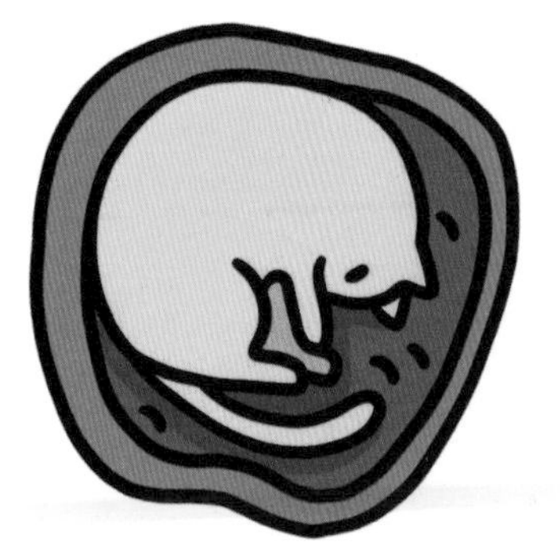

Si cortas el pimiento horizontalmente, hay más espacio en la cama para que tu animal pueda remolonear.

En lugar de meter una mascota dentro de una verdura, puedes convertir toda la verdura en un animal.

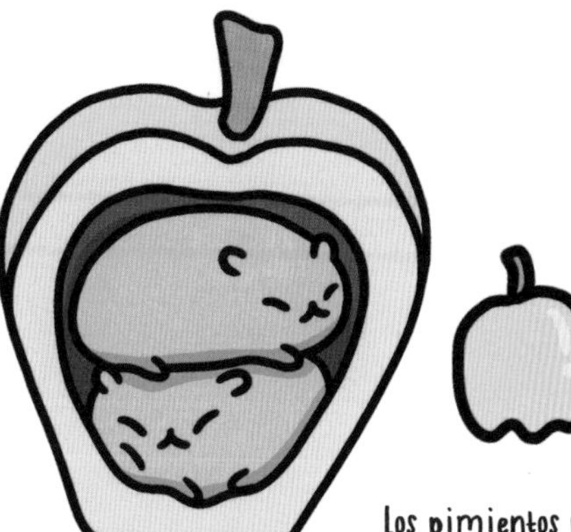

Los pimientos pueden ser de color amarillo para parecer más dulces. También puedes intentar encajar a dos animales en una sola cama.

Experimenta con diferentes verduras, colores y animales. Este zorrito rojizo está acurrucado en una calabaza anaranjada.

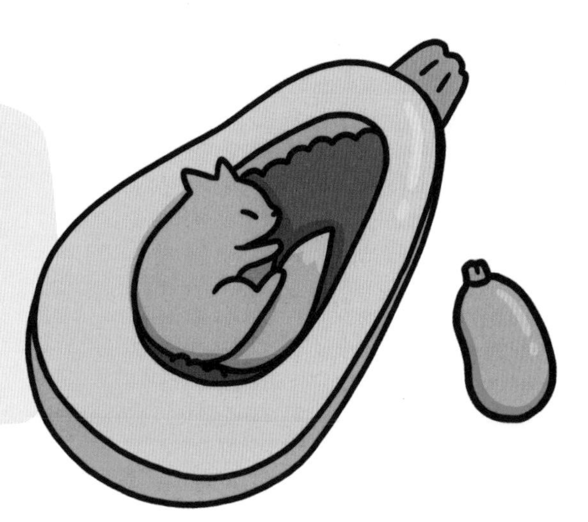

HAMBURGUESAS 54
CURRY 56
PLATOS COREANOS 58
PASTA 60
TACOS Y BURRITOS 62
ARROZ 64
SOPA 66
COMIDA GOURMET 68
BOCADILLOS 70
ESTOFADOS 72
HUEVOS 74
FIDEOS 76
DESAYUNOS 78
SUSHI 80
PIZZA 82

Capítulo Tres

ENTRANTES

¿Puede haber algo más mono que un panda rojo durmiendo en tus fideos, o un conejito como pan de hamburguesa? Hay un sinfín de ideas para crear criaturas monas.

HAMBURGUESAS

Hamburguesa con queso

Empieza con la parte superior de la hamburguesa dibujando una hogaza de pan y un poco de queso.

Coloca unas orejas redondas en la parte superior del pan, y sigue hacia abajo, añadiendo la hamburguesa, la lechuga y el pan inferior.

Dibuja la cara del animal y pinta la hamburguesa.

El pan de arriba se puede utilizar para dibujar cualquier tipo de animal. El truco está en la forma de las orejas. Prueba con orejas que apunten hacia arriba o que caigan hacia abajo.

Complementos para hamburguesas

Bocadillos de hamburguesa

¡El cuerpo del animal también se puede usar para la hamburguesa entera!

CURRY

Curry y arroz

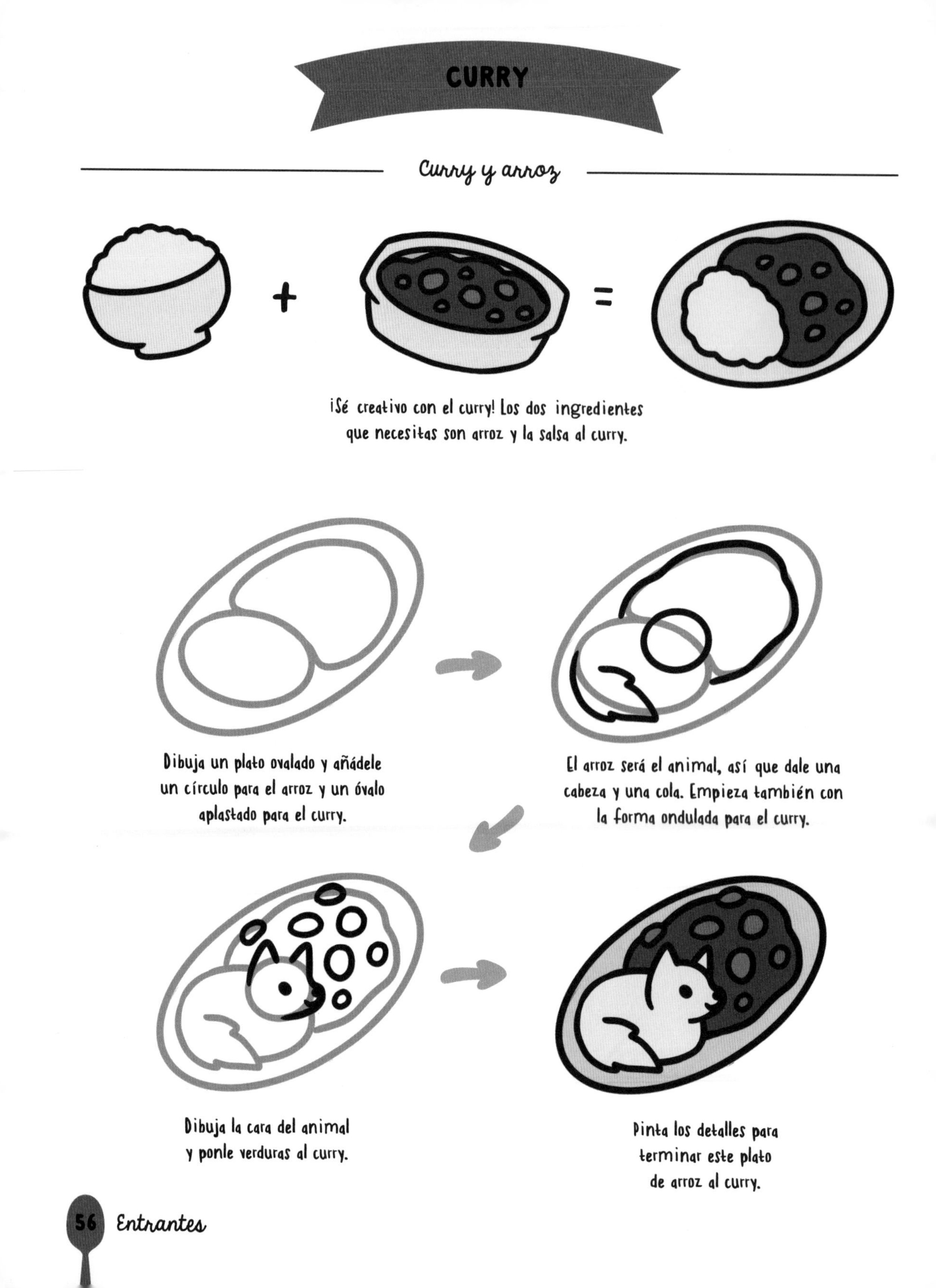

¡Sé creativo con el curry! Los dos ingredientes que necesitas son arroz y la salsa al curry.

Dibuja un plato ovalado y añádele un círculo para el arroz y un óvalo aplastado para el curry.

El arroz será el animal, así que dale una cabeza y una cola. Empieza también con la forma ondulada para el curry.

Dibuja la cara del animal y ponle verduras al curry.

Pinta los detalles para terminar este plato de arroz al curry.

Arroz esponjoso

PLATOS COREANOS

Estofado mixto

Arroz con huevo

Empieza este dibujo con una olla y un huevo.

Dibuja el arroz alrededor del huevo.

Dale a la yema cara de oso y colorea todo el plato.

Cocidos con caldo

PASTAS

Tipos de pasta

Esta pasta en forma de tubo se llama *penne* o macarrón.

Los *farfalle* o lacitos es el nombre de la pasta en forma de lazo.

Las conchas de pasta se parecen un poco a las medusas.

Los bordes ondulados de los raviolis parecen la melena de un león.

¡Dibuja a una manada de leones-ravioli en una guarida-bol!

Guarniciones

TACOS Y BURRITOS

Relleno animal

Empieza con la cabeza y las patas del animal...

...y después añade el taco para que el animal quede tumbado dentro. Dibújale la cara a tu animal.

Añade los ingredientes y guarniciones que quieras.

Puedes hacer que el taco sea parte de la criatura, como el cuerpo de este gato. Fíjate que sus patitas y la cola sobresalen del taco.

Taco animal

Empieza con la tortita del taco, después ponle cara y orejas.
Ahora puedes añadir un relleno delicioso. A mí me gustan los tacos de carne con tomates rojos, queso amarillo y lechuga verde.
Burritos
Un burrito es una tortita enrollada. Al dibujar burritos de animales, imagínate a una criatura envuelta en una manta.

ARROZ

Bolas de arroz

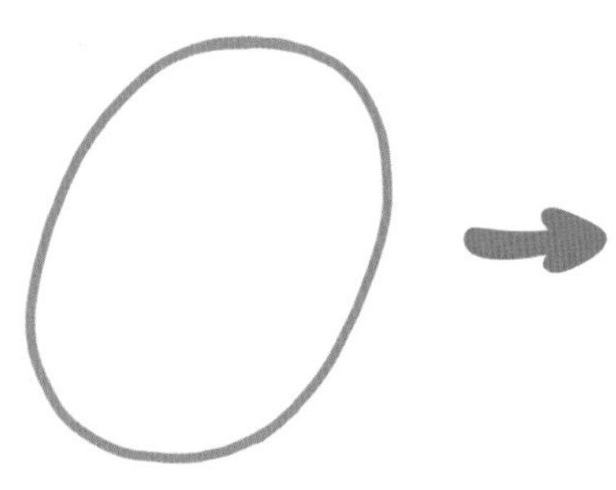

Empieza con un óvalo como base de la bola de arroz.

Dibuja líneas onduladas alrededor de la base para darle la textura de arroz. Añade orejas y rasgos faciales.

Dibuja algas rodeando la bola de arroz para que se parezca todavía más a un panda. Añádele color.

Prueba patrones y formas diferentes con las algas marinas para crear una familia de pandas. Todos empiezan con la misma base.

Onigiri

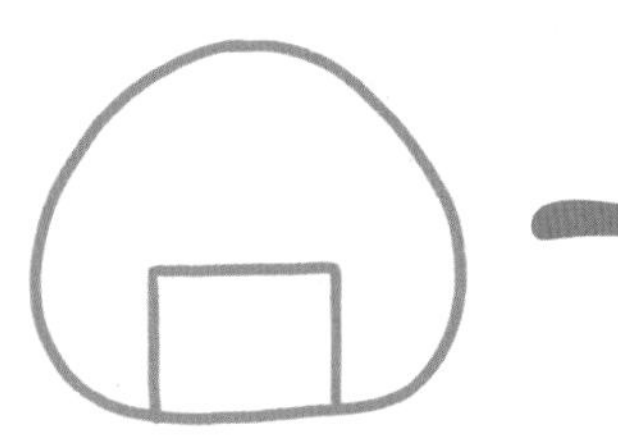

El *onigiri* es una bola de arroz de estilo japonés con forma de triángulo envuelta en algas.

Igual que las bolas de arriba, dibuja una línea ondulada alrededor de la forma de la base. Añade orejas.

Dibuja una cara y colorea las algas y las orejas. Yo he hecho un conejito *onigiri*.

Cereales de arroz

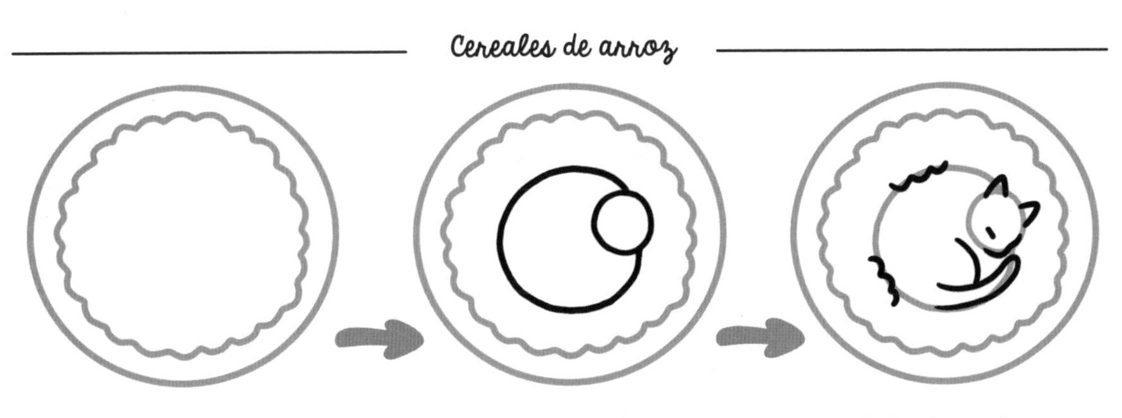

La base de los cereales de arroz es un círculo ondulado.

Añade más círculos en el centro para comenzar a hacer un gato.

Incluye los detalles. Más líneas onduladas harán que parezca que el gato está acurrucado en su acogedor lecho de arroz.

Escoge un color mono y clarito para completar tu gato; aquí tienes ejemplos con naranja y rosa.

Fiambreras

¡Dibuja una fiambrera surtida con una cara de arroz y algunas verduras para darle color!

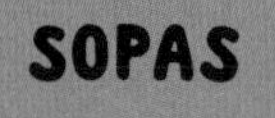

SOPAS

Nadando en sopa

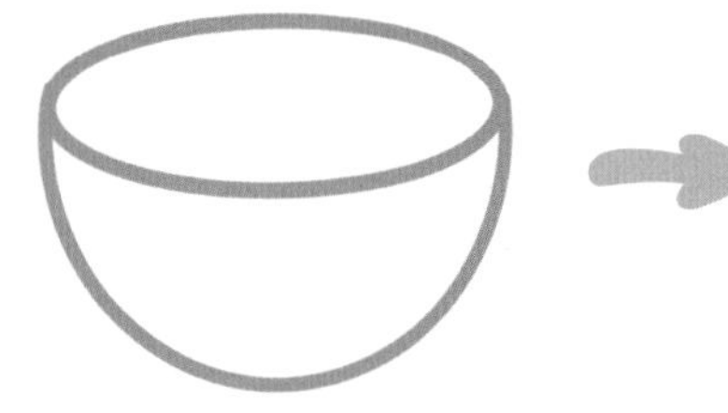

Una sopa es un lugar magnífico para que las criaturas acuáticas, como este caimán, pasen el rato.

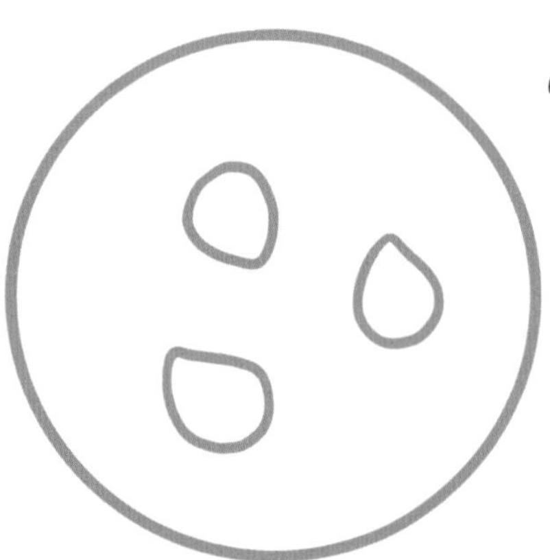

¡Dibujemos patos en una sopa! Las formas de sus cuerpos son como pequeñas gotas de lluvia.

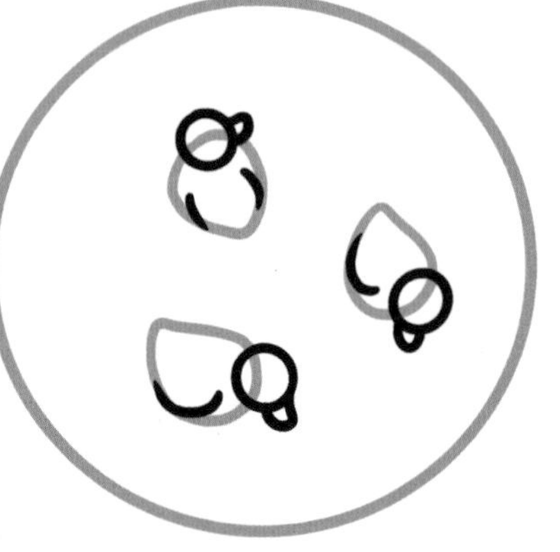

Añade sus cabezas, picos y alas.

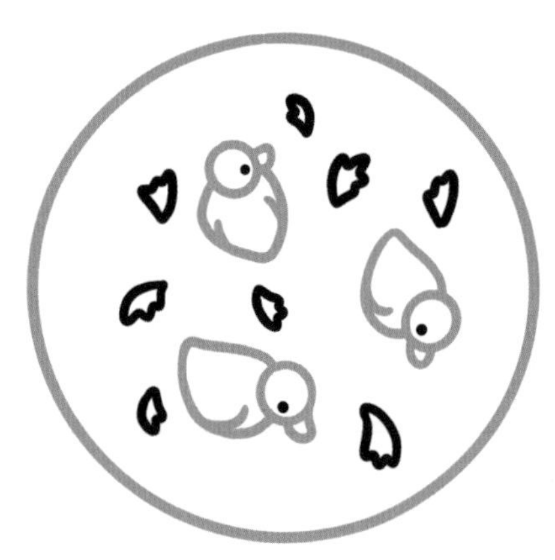

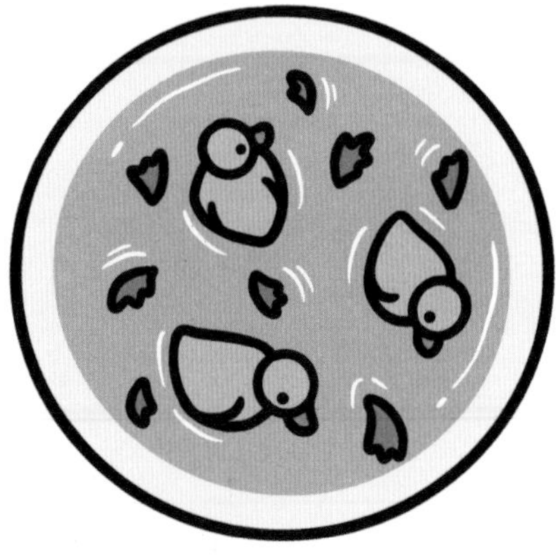

Termina con un poco de guarnición sobre el estanque para patos.

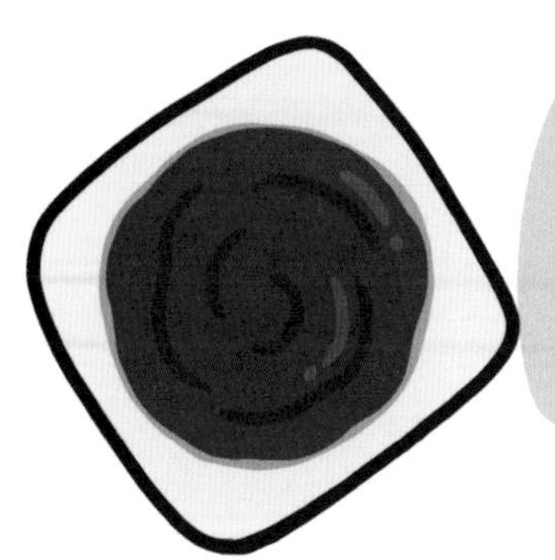

La clave para hacer que tu dibujo parezca sopa es que haya algunos fideos entrando y saliendo del caldo. Añade un efecto de ondulación con líneas alrededor de los ingredientes.

Puedes añadir otros ingredientes junto al panda rojo. Yo opté por poner brotes de soja y gajos de lima.

COMIDA GOURMET

Salsas

El primer paso es dibujar a tu criatura.

El segundo paso es dibujar el trazado de la salsa. Un aderezo de salsa elegante puede mejorar la presentación de un plato gourmet.

Añade los detalles de la salsa, y después colorea el dibujo.

Así como el gato está sentado encima de la salsa, este pajarito está rodeado por un semicírculo de salsa.

Guarnición

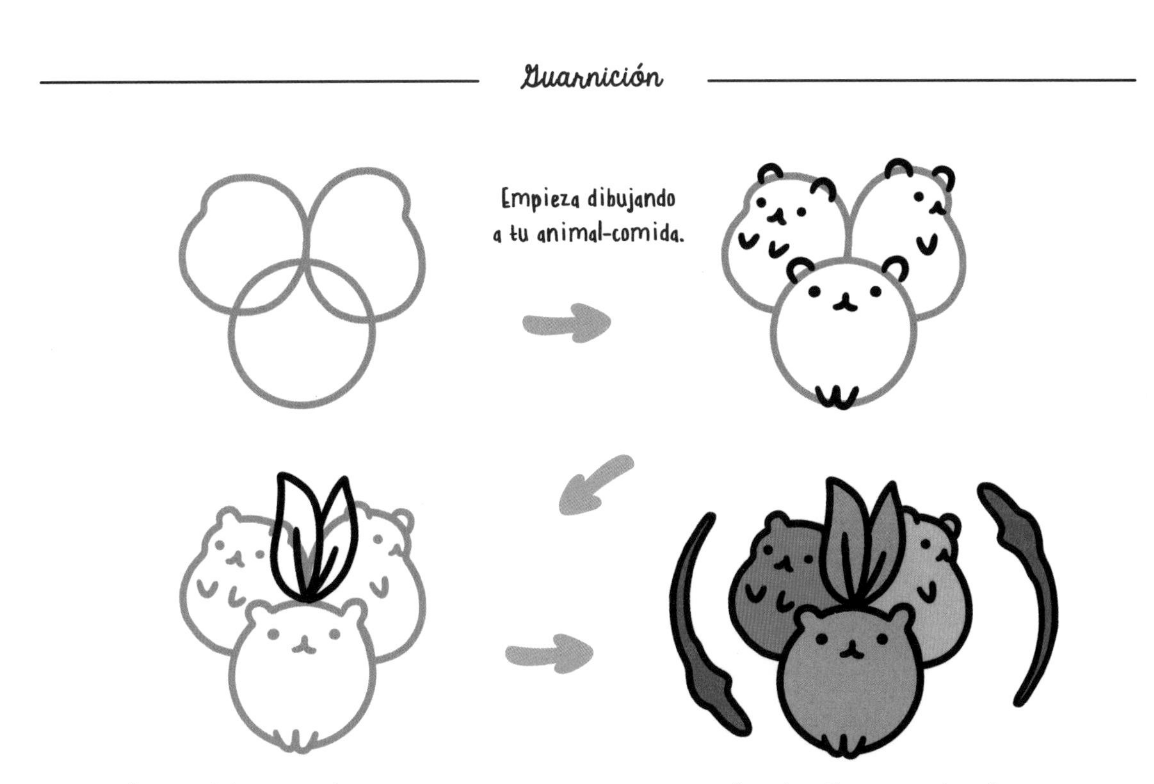

La guarnición es un elemento extra de comida que sirve para decorar el plato, como una ramita de hierbas o una espiral de salsa.

Estos bocaditos están adornados con una combinación de hierbas y salsa.

Simplicidad

BOCADILLOS

Pan de baguette

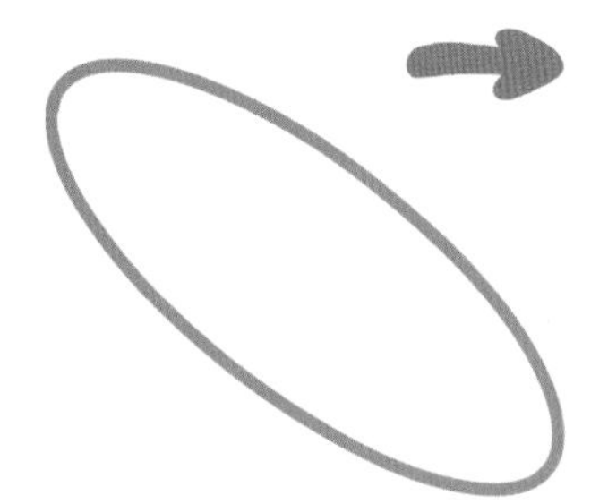

Una baguette es una barra de pan larga, así que empieza dibujando un óvalo.

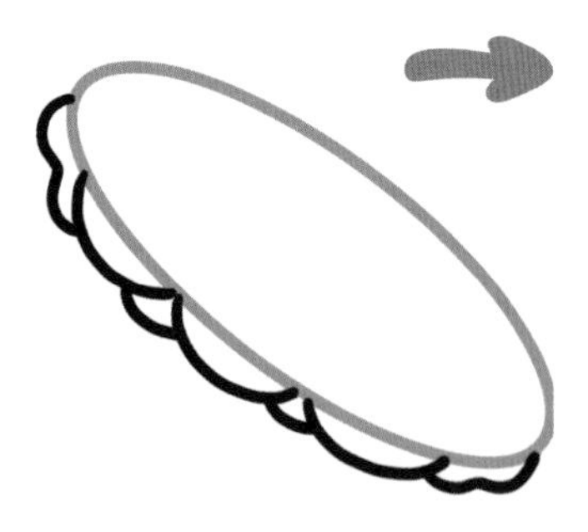

Dibuja los rellenos de la baguette debajo del óvalo.

Añade una parte de un óvalo debajo del relleno del bocadillo, después dibújale la cara y las orejas del animal en la parte superior de la baguette.

Pan de molde

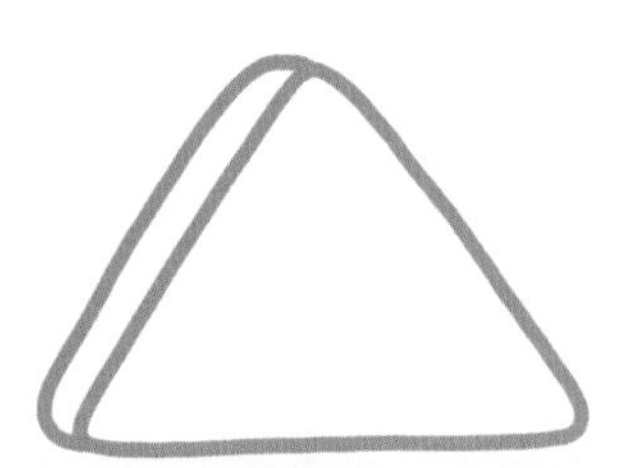

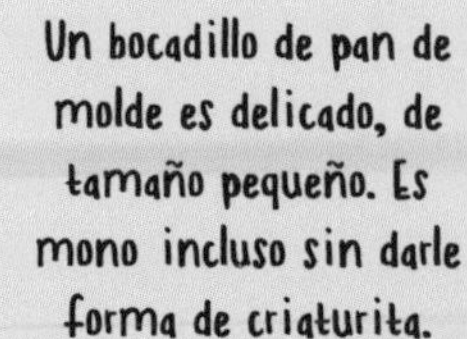

Un bocadillo de pan de molde es delicado, de tamaño pequeño. Es mono incluso sin darle forma de criaturita.

Pan de bollo

Relleno para bocadillos

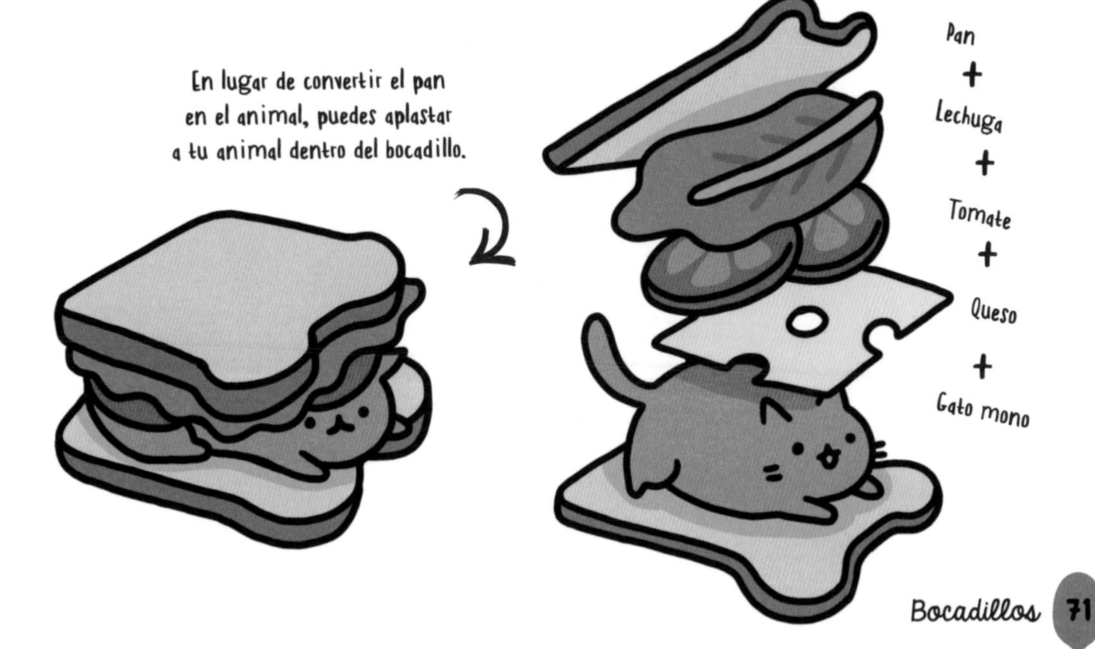

ESTOFADOS

Estofado de dos sabores

La base de cualquier olla es un círculo. Hazlo grande para que puedan nadar en él muchos animales.

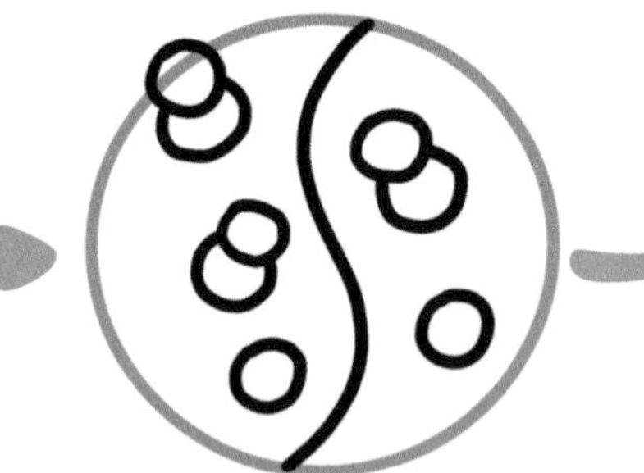

Divide el círculo en dos para que puedas tener dos caldos diferentes en una misma olla. Los animales nadadores empiezan a aparecer como círculos pequeños.

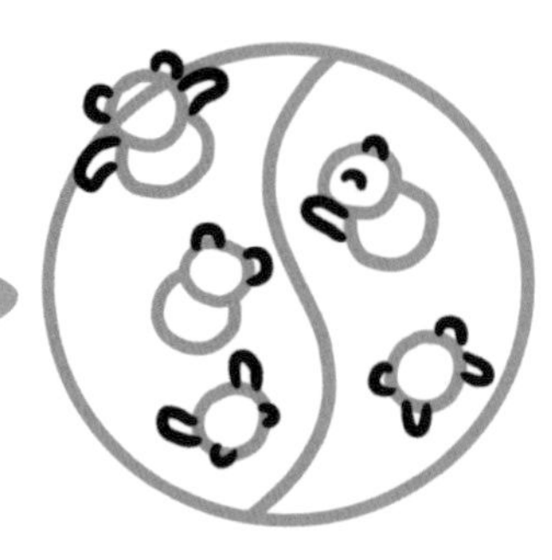

Añade los detalles, como las orejas y las patas.

Estofados en olla cuadrada

Las ollas cuadradas pequeñas son ideales para un solo animal.

Agrega un círculo en el centro y las líneas en la parte delantera de la olla.

Dibuja a tu criatura dentro del círculo.

Añade el fuego que calienta la olla debajo del gato, y después pon el resto de comida. Puedes poner col, tofu, huevos y fideos.

Para hacer que el fuego cobre vida, colorea el borde y las líneas de la olla que rodean las llamas de amarillo, así parecerá que el fuego está iluminando toda esa parte de la olla.

HUEVOS

Huevo duro

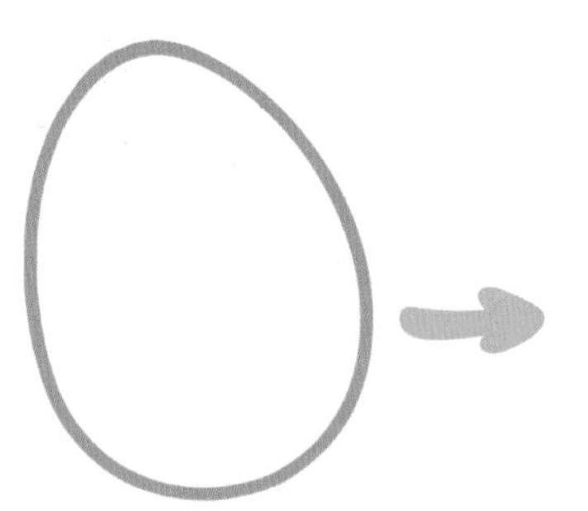

Un huevo duro puede convertirse en cualquier animal redondo. Este es un pingüino.

Huevos Benedict

Este desayuno que tanto gusta incluye un huevo encima de un panecillo horneado. Las pecas verdes son trozos pequeños de cebolla como guarnición.

Huevo frito

Tortilla

Una tortilla se elabora con huevos batidos. Este plato es más sólido, por lo que la forma se puede dibujar con líneas rectas.

Dibuja una cara en medio de la tortilla y añade las orejas encima.

FIDEOS
Bol de fideos
Empieza con el bol y el oso (¡o cualquier otro animal!).
Dibuja los fideos alrededor y encima de tu mona criatura.
Los fideos son perfectos para envolver a tu animal.
Estos conejitos representan zanahorias. Los colores pueden ayudarte a distinguir qué tipo de comida estás dibujando.

Guarniciones para los fideos

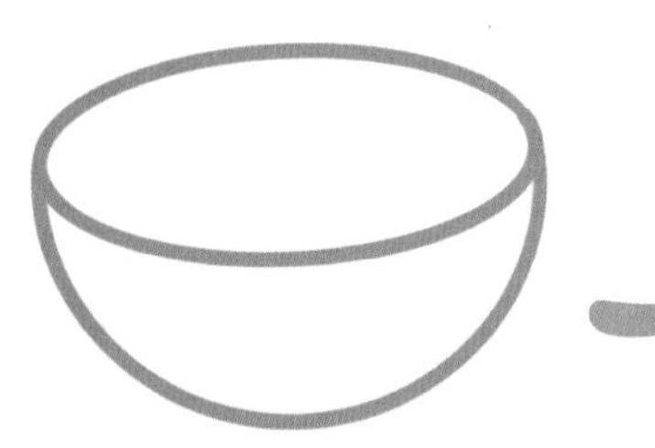

El tamaño del recipiente determinará cuántos ingredientes puedes colocar en él.

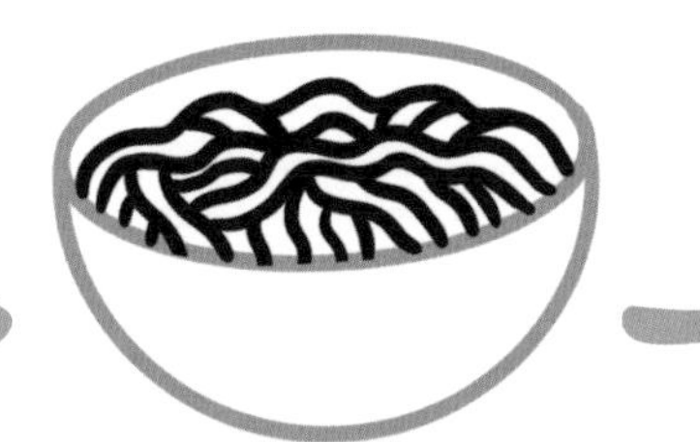

¡Prueba a dibujar fideos rizados! Repite este patrón hasta llenar el bol.

Añade un huevo-conejito encima de tus fideos.

¡Los posibles ingredientes para tus boles de fideos son infinitos! Este plato a mí me gusta: lleva rodajas de pepino, hojas de albahaca y zanahorias ralladas. ¡Ah, y un gato dormido, por supuesto!

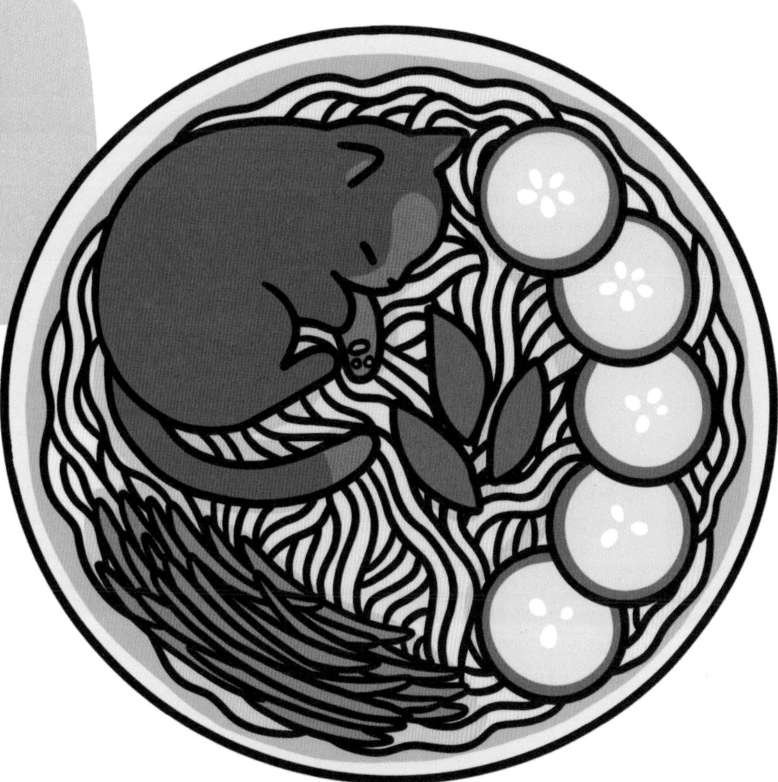

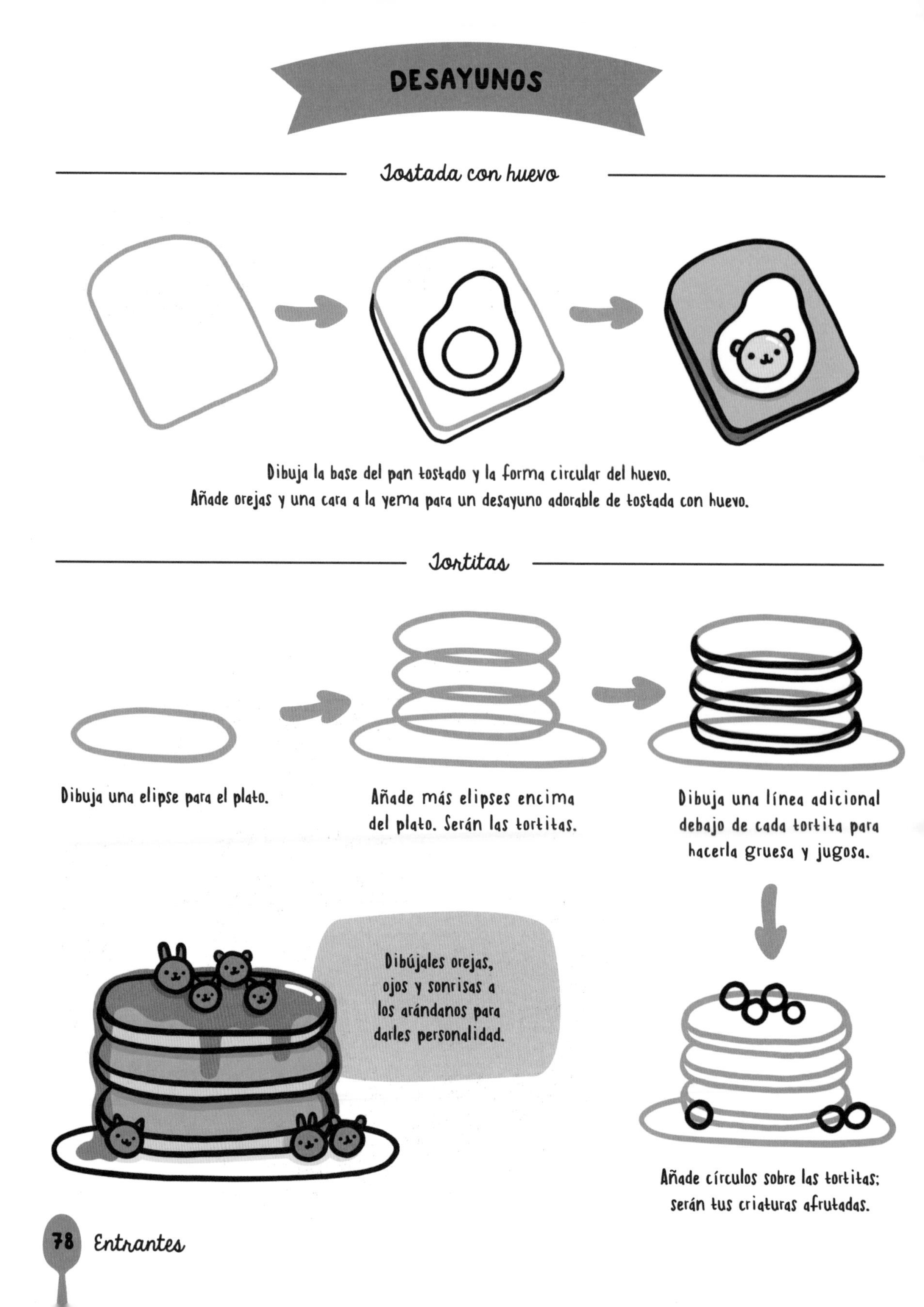
DESAYUNOS
Tostada con huevo
Dibuja la base del pan tostado y la forma circular del huevo.
Añade orejas y una cara a la yema para un desayuno adorable de tostada con huevo.
Tortitas
Dibuja una elipse para el plato.
Añade más elipses encima del plato. Serán las tortitas.
Dibuja una línea adicional debajo de cada tortita para hacerla gruesa y jugosa.
Dibújales orejas, ojos y sonrisas a los arándanos para darles personalidad.
Añade círculos sobre las tortitas: serán tus criaturas afrutadas.
78 Entrantes

Gachas

El punto de partida del dibujo de las gachas es el tazón.
Añádele una línea ondulada para hacer los copos de avena antes de crear tu guarnición de criaturas afrutadas.
También puedes escoger la fruta que quieras. Mis guarniciones favoritas son los arándanos y las frambuesas.
Crep de desayuno
Me gusta imaginarme las crepes como camitas triangulares.
Añade círculos con orejas a la parte superior de la cama (son las cabezas de los animales).
Acaba los detalles y decora tu crep con salsa de chocolate. ¡Mira qué monísimos quedan los animalillos!

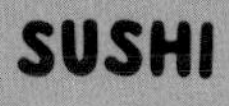

SUSHI

Rollitos de algas

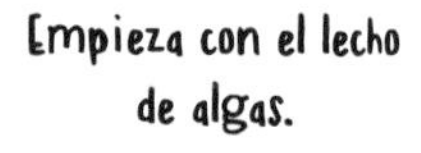

Empieza con el lecho de algas.

Coloca encima a tu criatura. Yo he escogido a un gato.

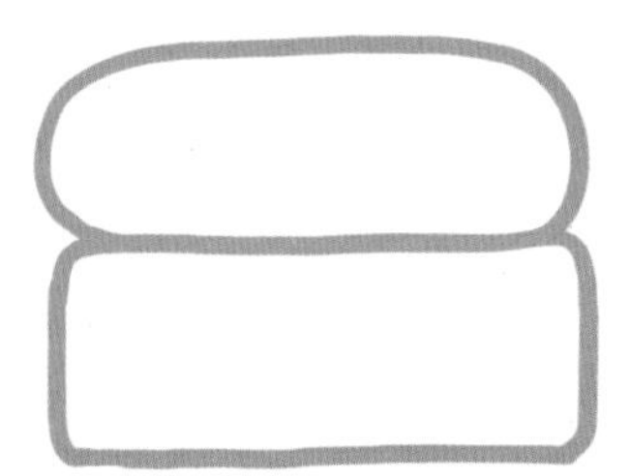

También puedes envolver a tu animal en algas. Empieza dibujando dos óvalos: la parte superior será el animal y la inferior será el arroz.

Colorea y dibuja a tu gato según el tipo de sushi que más te guste. ¡Yo me he basado en una gamba para dibujar este gato!

Añade un rectángulo para la envoltura del alga.

Ahora imagínate cómo se tumbaría tu animal.

Rollito de sushi

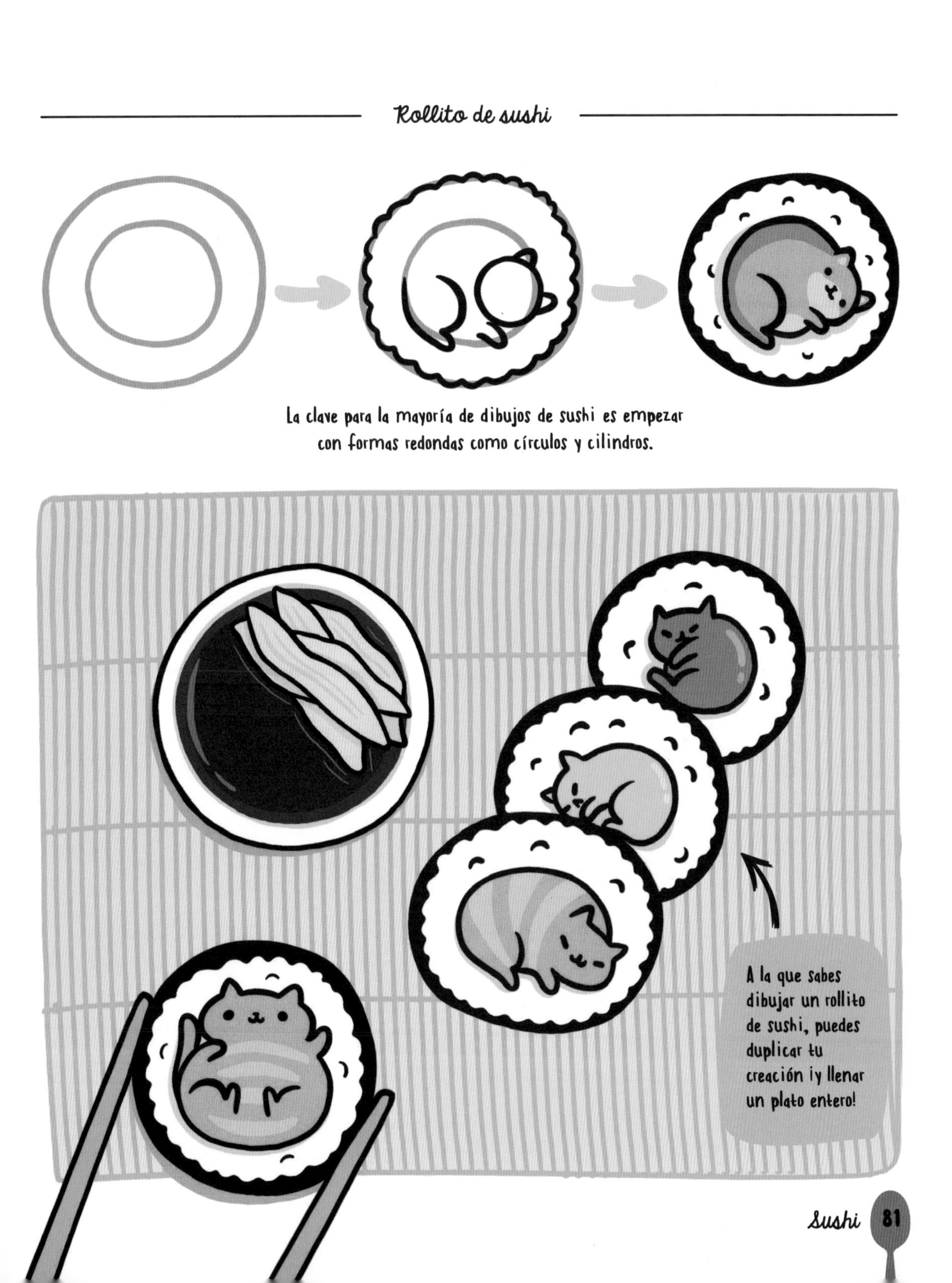

PIZZAS

Trozo de pizza

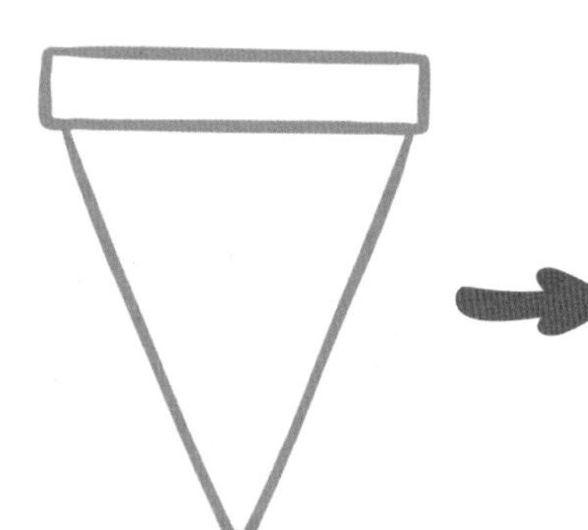

La base de un trozo de pizza puede ser un simple triángulo con un rectángulo encima para la parte de la corteza.

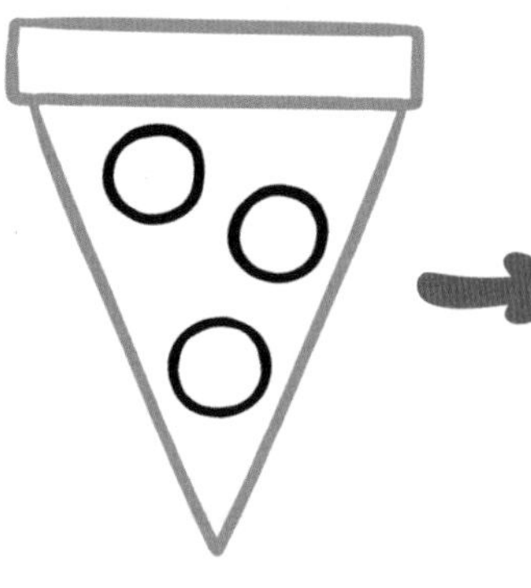

Añade círculos para los ingredientes.

Crea tu criatura poniéndole cara y orejas a la corteza de pizza. También puedes darle extremidades.

Ingredientes

¿Cuál es tu ingrediente de pizza favorito?

Pimientos

Aceitunas

Pepperoni

Champiñones

Puedes convertir los ingredientes de la pizza en todo tipo de animales. Aquí tienes ejemplos de lo que puedes hacer.

Pizza para llevar

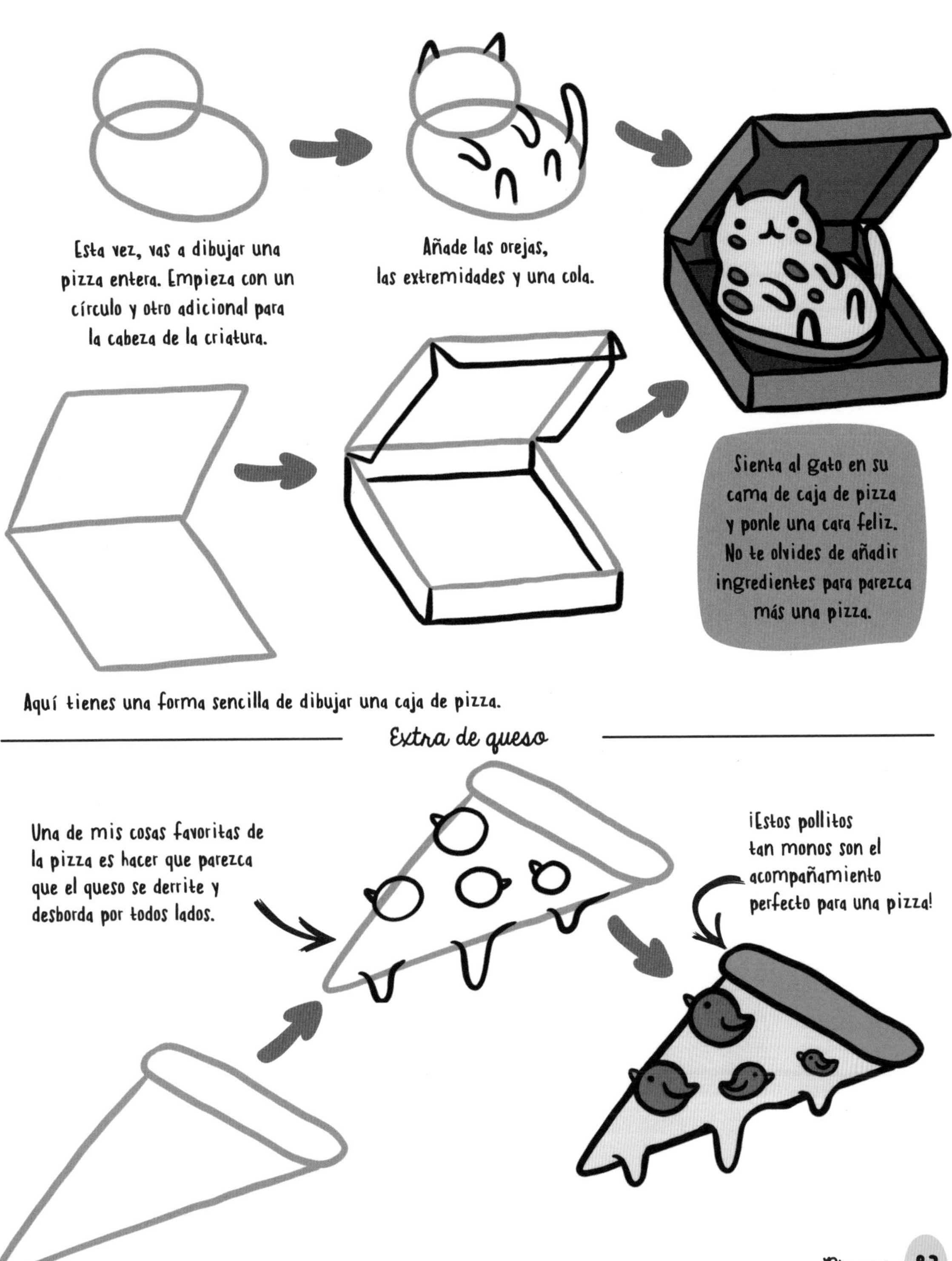

PASTELES
86
DONUTS
88
PASTITAS
90
POSTRES HELADOS
92
CUPCAKES
94
CREPS
96
CHOCOLATE
98
DULCES
100
GALLETAS
102
HELADOS
104
MACARONES
106
TARTAS
108
FLANES
110
POSTRES CON FRUTA
112

Capítulo cuatro

POSTRES Y DULCES

Los animales de este capítulo son amantes de todo lo dulce, ya sean galletas, pasteles o creps.

PASTELES

Rollo suizo

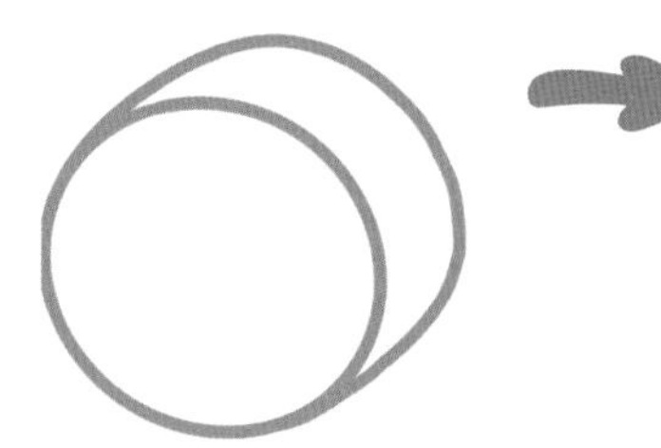

¡Este es un rollo de pastel de tortuga! Empieza con un cilindro de lado.

Dibuja remolinos en el cilindro para que el pastel se vea enrollado. Luego añádele la cabeza y las patas a la tortuga.

Aplica un poco de color y sabor a tu pastel. El verde me recuerda al té verde, al kiwi o a la sandía.

Fruta de guarnición

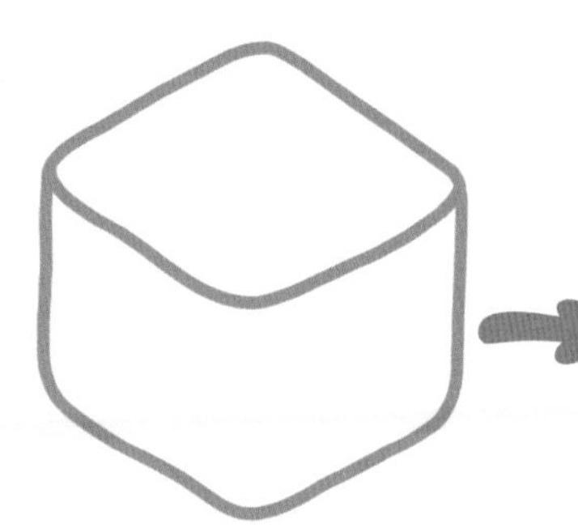

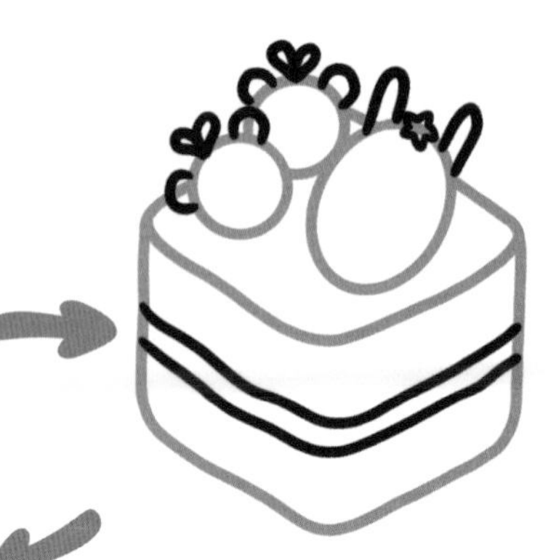

Al dibujar pasteles de animales, decide dónde quieres poner a la criatura. Tal vez como parte del bizcocho o como fruta de guarnición. ¿La fruta hace que el pastel sea comida saludable?

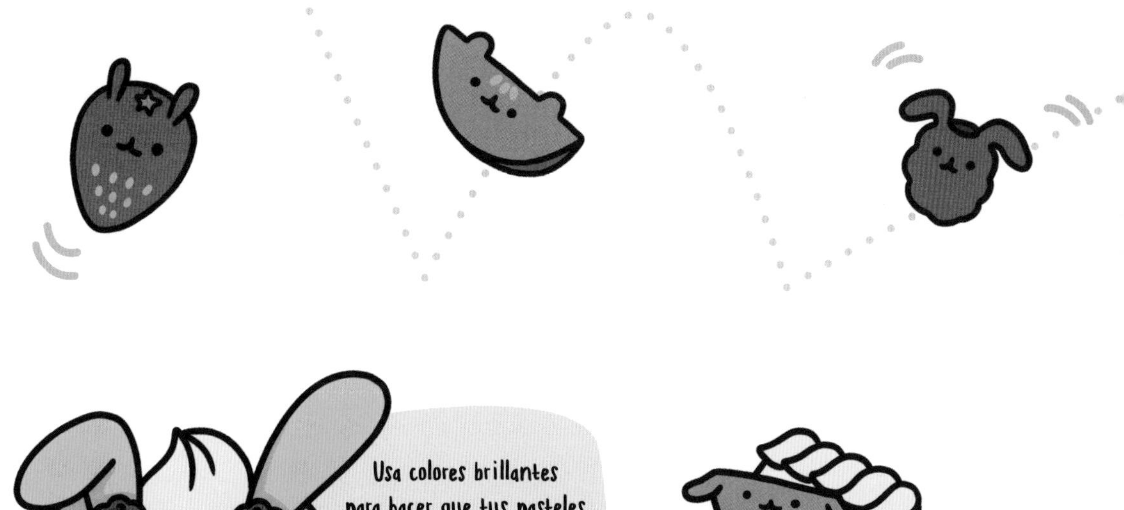

Usa colores brillantes para hacer que tus pasteles resalten. Los colores de los pasteles y sus guarniciones también sirven para saber de qué es el pastel.

Este pastelito elegante tiene por base un simple óvalo y un rectángulo.

Dibuja la cara del gato y sus orejas, y acaba de decorarlo con un glaseado.

DONUTS

Donuts glaseados

Donuts clásicos

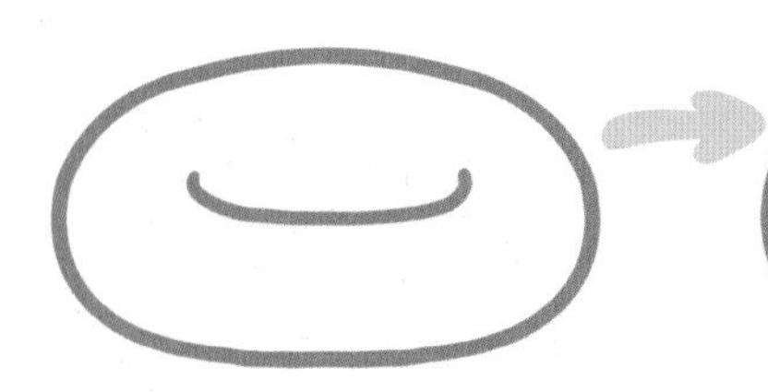

La base de cada donut es una forma redonda.

Dibuja las orejas en la parte delantera del agujero.

Añade los rasgos faciales y el color al gato-donut.

Donuts glaseados

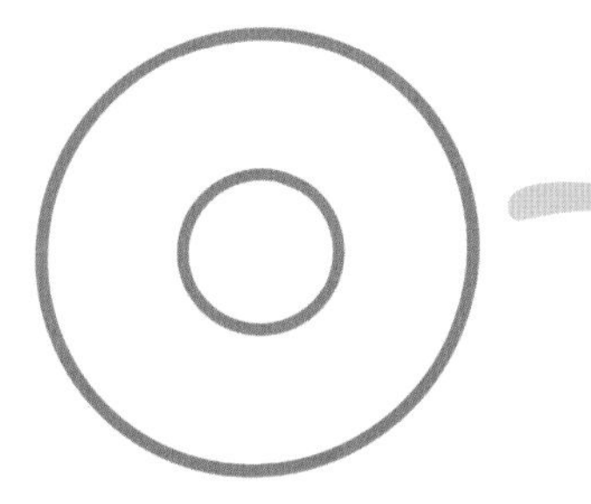

La base de este donut son dos círculos.

Añade la cara y las orejas del animal donut.

Cubre la mitad del donut con glaseado y añade unas cuantas pepitas de colores.

Además de añadir una cara, puedes hacer que el donut entero sea una criatura. Dibuja patitas y una cabeza para hacer una tortuga donut, y no te olvides de poner pepitas sobre el glaseado.

PASTITAS

Rollitos dulces

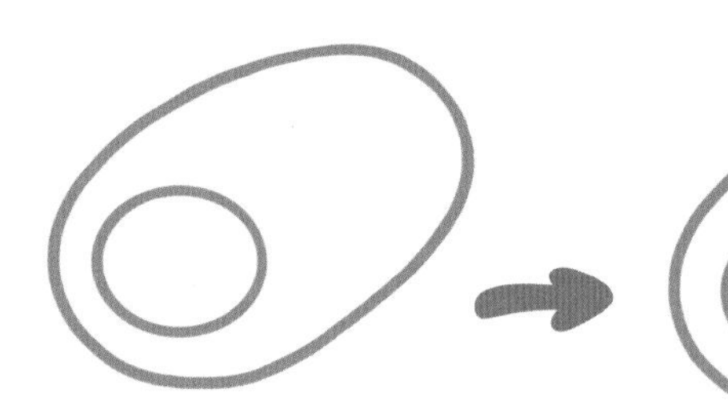

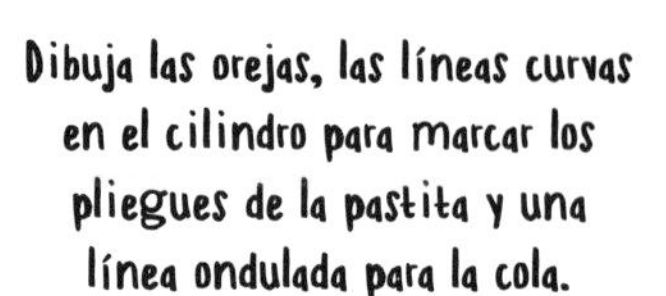

La base de una pasta enrollada es un cilindro. Añade un círculo donde tenga que ir la cara.

Dibuja las orejas, las líneas curvas en el cilindro para marcar los pliegues de la pastita y una línea ondulada para la cola.

No te olvides de pintar sombras oscuras alrededor de los ojos y la nariz del lémur.

Bollitos dulces

Los bollitos pueden tener caras monas o estar rebosantes de animales adorables.

Pastita empanada
Algunas pastitas se cierran
apretando sobre ambos lados
con los dedos o un tenedor.
Las marcas se ven mucho.
Dibuja la cara del conejito
pastita en la superior,
para que parezca que está
mirando hacia arriba.
Las líneas suaves de una barra
de pan se pueden usar para
dibujar a un tigre.
Tartaletas de fruta
Las tartaletas de fruta
empiezan como
los cupcakes.
En la parte de
arriba, añade tres
formas redondas.
Rellena las formas
con erizos pequeños.

POSTRES HELADOS

Postre helado de fresa

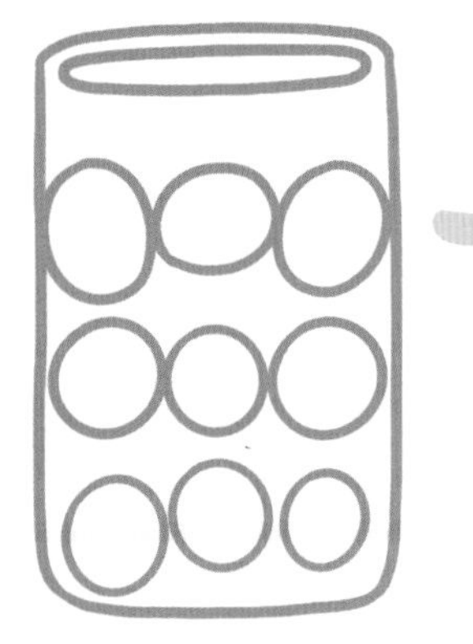

Comienza el dibujo base con un recipiente y algunos círculos.

Los círculos serán fresas y cerditos. Añade algunas líneas curvas para hacer la tapa del frasco.

Pinta los cerditos de rojo y dibújale semillas amarillas a cada fruta.

Recipientes

Puedes poner tu postre helado en el contenedor que quieras. Tal vez en un simple tazón con una carita mona...

¿... o en un recipiente redondo con forma de vaso?

Maxi postre

Cuando dibujo postres helados, me gusta poner a mis animales en la parte de arriba para que no queden demasiado aplastados por todas las capas de sabor.

Las capas de un postre helado pueden ser de helado, fruta, nueces, nata y mucho más. ¡Las posibilidades son infinitas!

CUPCAKES

Cupcakes sofisticados

Piensa que los cupcakes tienen dos partes: la parte superior con el glaseado y la parte inferior que está cubierta.

Añade detalles al glaseado y al envoltorio, así como una forma para tu criatura.

Ponle pepitas al glaseado y dibuja los rasgos del animal.

¿Cuál es tu cupcake favorito? Los colores que elijas determinarán qué sabor has dibujado. ¡Este es obviamente de chocolate!

Glaseado de animales

CREPS

Creps plegados

La base de un crep plegado es un triángulo.

Dibuja a un oso saliendo del crep para saludar.

Mezcla los brillos claros y oscuros para que el crep parezca más sabroso.

Crep enrollado

Los creps enrollados tienen forma cilíndrica. Puedes ponerlos en un plato elegante con frutas, flores y hierbas.

Rellenos para los creps

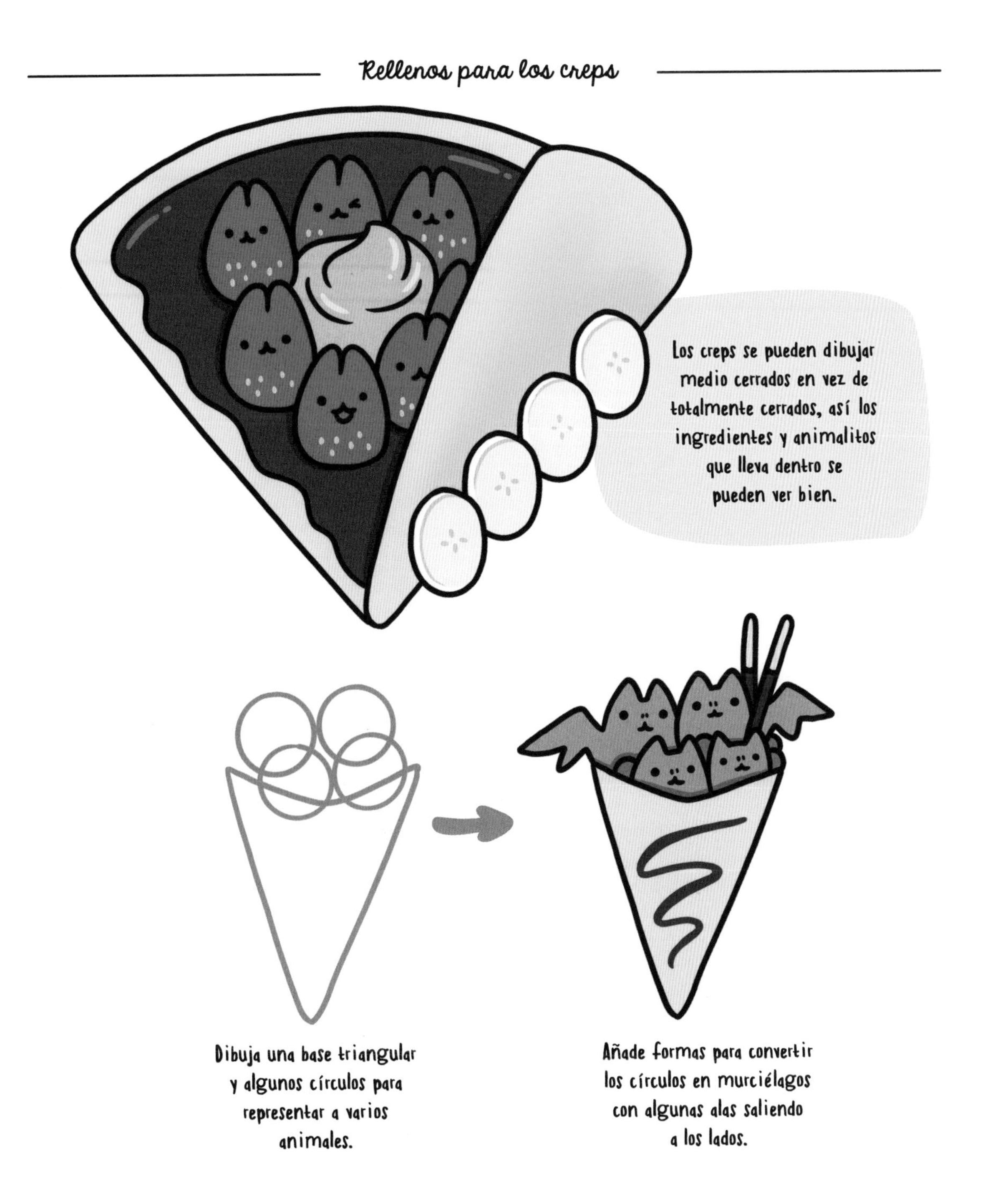

Los creps se pueden dibujar medio cerrados en vez de totalmente cerrados, así los ingredientes y animalitos que lleva dentro se pueden ver bien.

Dibuja una base triangular y algunos círculos para representar a varios animales.

Añade formas para convertir los círculos en murciélagos con algunas alas saliendo a los lados.

CHOCOLATE

Tableta de chocolate

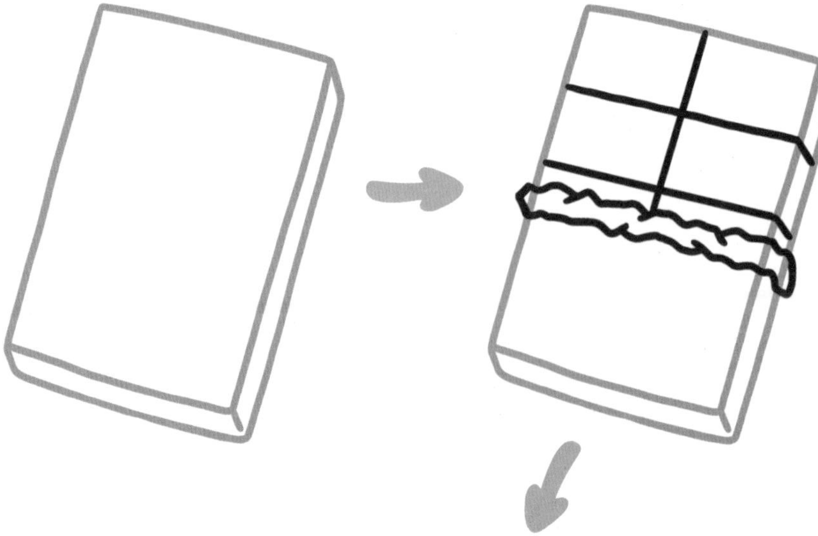

El chocolate empaquetado, por lo general, tiene dentro muchas piezas que se pueden romper. Es una gran oportunidad para dibujar muchas caras.

Pastillas de chocolate

Un trocito pequeño de chocolate es perfecto para hacer a un animalito mono.

Dibuja la cara y los otros rasgos en un lado.

Añádele un toque de brillo en la parte posterior para hacer que el trozo de chocolate parezca más apetecible.

Animales de chocolate

Experimenta dibujando diferentes animales de chocolate. Las formas redondas suelen quedar bien.

Fresas cubiertas de chocolate

Empieza con la forma básica de la fresa.

Añade una línea ondulada para indicar la capa de chocolate que la recubre.

Añádele un zigzag al chocolate para darle un toque elegante.

DULCES

Piruletas

Las piruletas empiezan con un círculo y un cilindro para el palo.

Dibuja un envoltorio encima del círculo.

Añade las características animales y remátalo con un poco de color.

Ositos de goma

¡Los ositos de goma son súper fáciles de dibujar! La base es un rectángulo redondeado, luego se le añaden los rasgos del oso, ¡y listo!

Caramelos

El envoltorio de un caramelo tiene alas, como un murciélago.

Añade líneas alrededor de las alas para que parezca que las está batiendo.

Animales de goma

¡Gusanito de goma!

Pinta puntitos blancos en tus golosinas para darles un toque azucarado.

Nube de azúcar

La nube de azúcar siempre me hace pensar en ovejas o llamas.

GALLETAS

Galletas glaseadas

Este tipo de galletas se dibujan en dos pasos. Primer paso: Dibuja la silueta del animal. Segundo paso: Dibuja los detalles del animal dentro de la silueta.

La base de la galleta es la silueta del animal. Esta es un pollo.

Dibuja una silueta interior. Esta será la galleta glaseada.

Pinta el glaseado (capa interior) y después la galleta (capa exterior).

Detalles del glaseado

El glaseado no tiene que cubrir toda la galleta. Aquí hay una galleta de caballo con glaseado solo en la melena, la cola y los cascos.

Galletas de animales

Puedes utilizar colores más oscuros para dibujar los rasgos de las galletas.

Haz que tu galleta parezca en 3D con efectos de sombras.

Galleta de león

Hagamos una galleta de león. Empieza con la forma de una estrella.

El centro será la cara del león, y la estrella su melena.

Galletas con mermelada

Las galletas con mermelada tienen mermelada de animales de fruta. Añádeles líneas de luces a tus animales para que brillen como si fueran mermelada.

HELADOS

Conos de helado

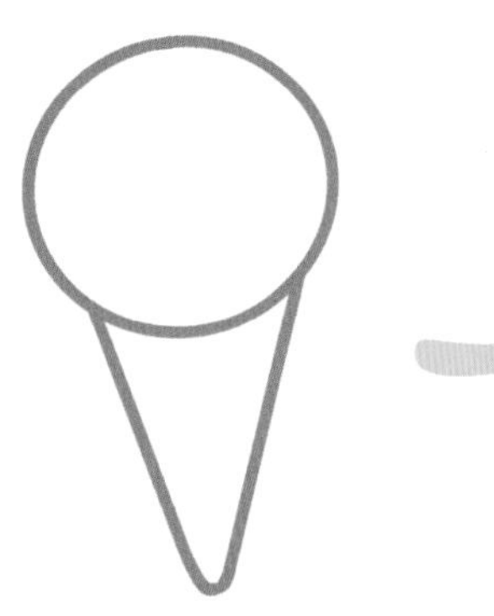

El punto de partida es muy fácil: un círculo encima de un triángulo.

Dibuja los detalles de la criatura. Esta es una foca.

Pinta la foca y las líneas para el cono de galleta.

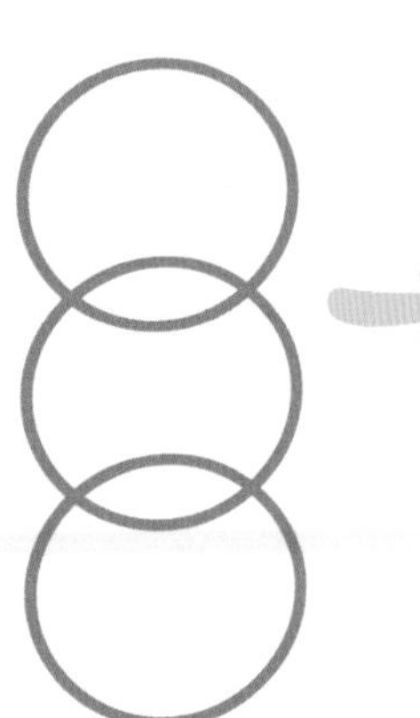

Prueba de hacer un helado con bolas apiladas. Dibuja múltiples círculos que se superpongan un poquito.

Dibuja el cono y las orejas de los animales.

Yo he hecho una mezcla napolitana: chocolate, vainilla y fresa.

Polos helados

En lugar de un cono, un polo de hielo tiene un palo.

¡Estos polos son perfectos para cualquier día de verano!

Helado cremoso

El helado suave empieza con un círculo, pero tienes que añadir una forma de aleta de tiburón en la parte de arriba.

Dibuja los remolinos espirales alrededor del círculo y dale rasgos al animal.

Este helado tiene parte de chocolate y parte de vainilla.

Copa helada

También puedes dibujar el helado en un bol. Conviértelo en una copa helada poniéndole ingredientes como cerezas y plátanos.

MACARONES

Galleta de animales

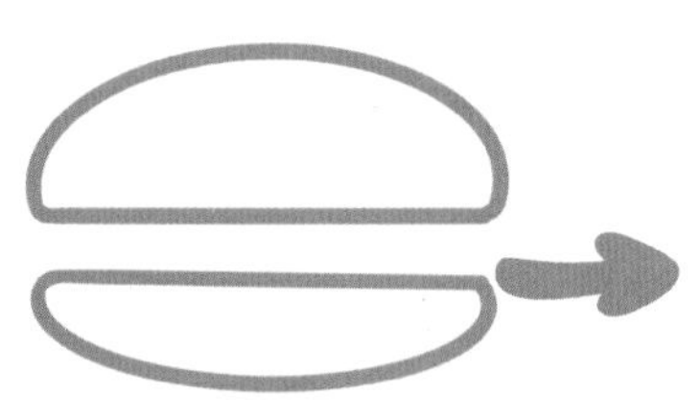

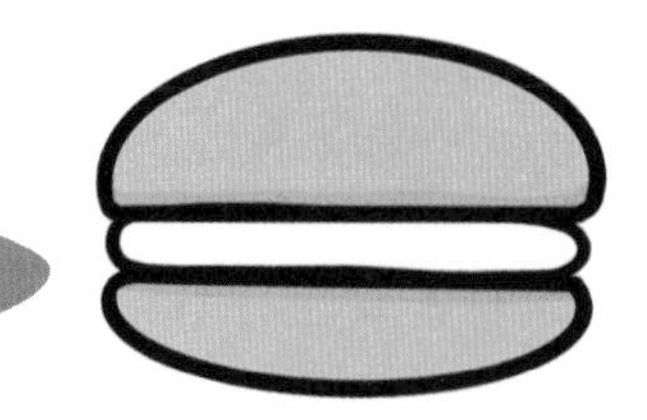

Cualquier macarón se puede dibujar con estos tres simple pasos. Primer paso: haz las galletas.

Segundo paso: añade el relleno en el centro.

Tercer paso: pinta el macarón. ¡Ahora estás listo para ponerle cara de animal!

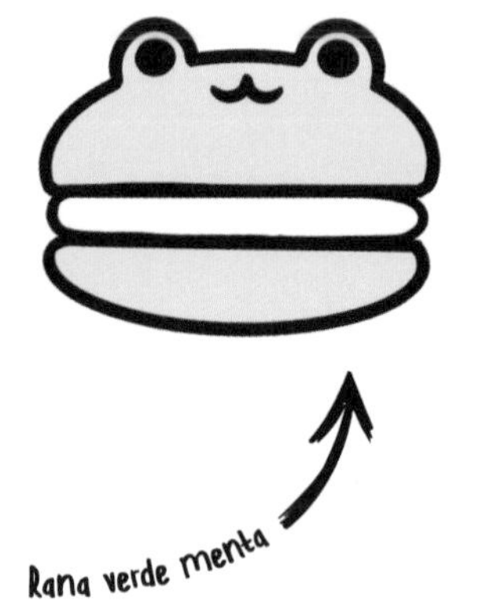

Relleno de animales

Empieza con las galletas superior e inferior.

El relleno es el animal. Añade un círculo para la cabeza y uno para el cuerpo, después dibuja las extremidades y la cola.

Añade los detalles y ya tienes un perrito-macarón.

Macarón animal

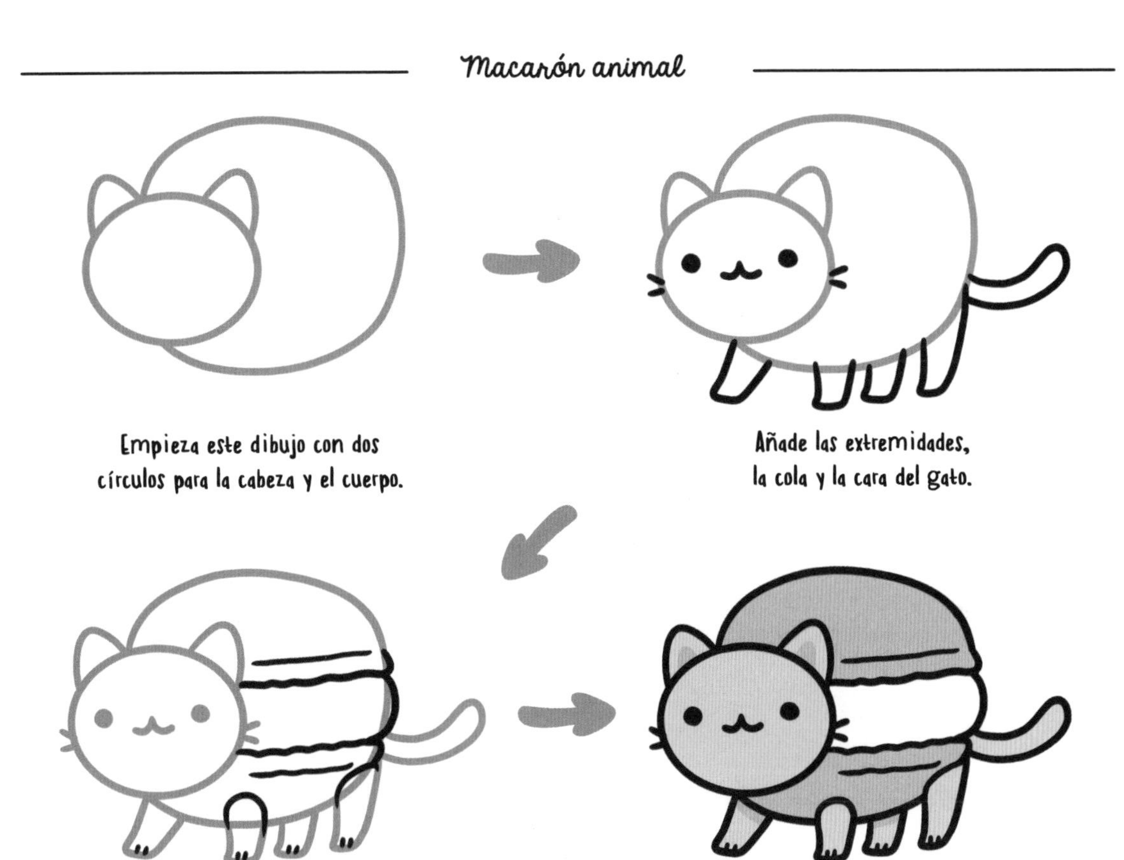

Empieza este dibujo con dos círculos para la cabeza y el cuerpo.

Añade las extremidades, la cola y la cara del gato.

¡Esta parte es importante! Añade las características del macarón, es decir, la galleta y el relleno de dentro.

El último paso es colorear el gato y las galletas de un mismo color, con el relleno de un color diferente o simplemente liso.

Macarón animal

Puedes dibujar caras de animales en la galleta superior de los macarones. Dibuja un círculo parcial extra alrededor de la base para representar la galleta inferior.

TARTAS

Tartas de fruta

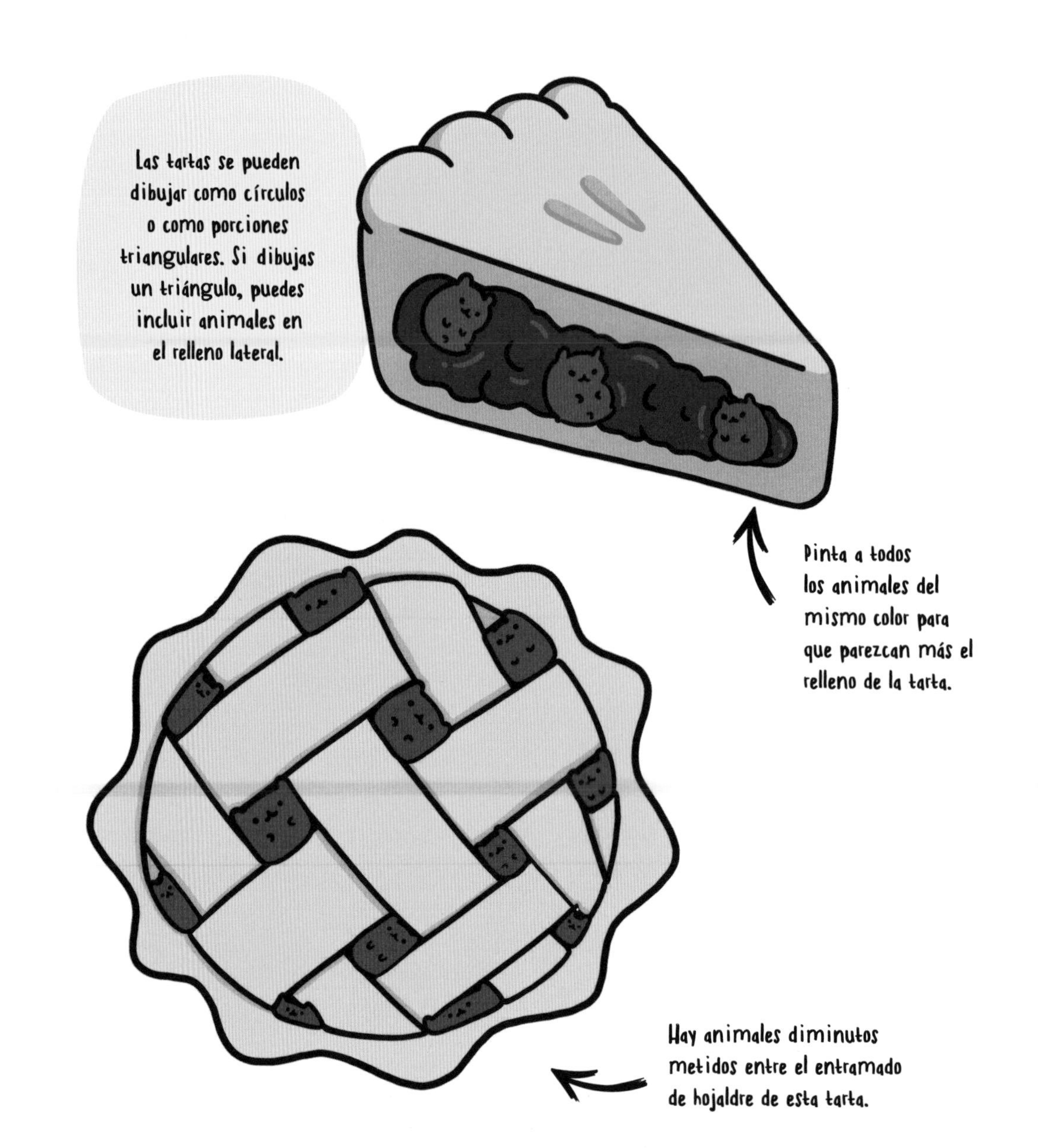

Guarnición de animales

La base de esta tarta es un semicírculo y un rectángulo redondeado.

Añade una línea ondulada para el borde y a un animal dormido encima.

¿Te has fijado en que el gato tiene una forma similar a la de la tarta? Ambos son redonditos y monos.

Pasta de animales

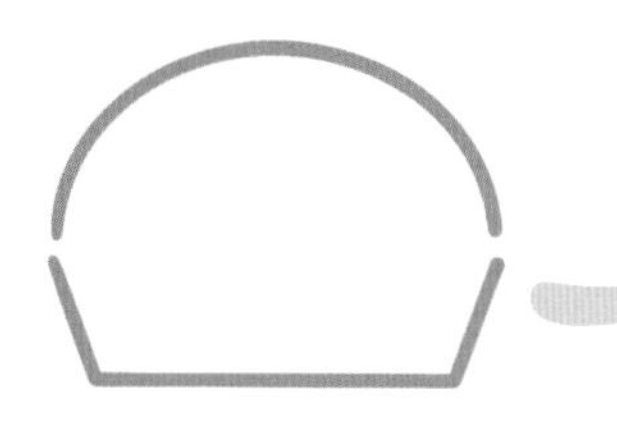

Empieza con una base hecha de líneas simples.

Dibuja la cara de un animal y sus orejas en la base. Dibuja una línea ondulada para el borde de la masa.

¡Aquí tienes una tarta con cara de perro!

Relleno de animales

Para que podamos ver toda la parte superior del pastel, esta vez dibuja un círculo completo y la línea ondulada para la masa.

Un animal puede salir del centro de la tarta.

Dibuja pedacitos de tarta volando a los lados para darle dimensión al dibujo.

FLANES

Flan

Este postre es un delicioso flan con caramelo por encima. También puedes dibujar el caramelo extendiéndose debajo del flan.

Empieza con la base del flan, que es un cilindro ancho.

En vez de dibujar en la parte de arriba, intenta crear la cara y las extremidades en en la masa y ponle encima unas orejas de caramelo.

Pudín en tarro

POSTRES CON FRUTA

Fruta bañada en chocolate

La base de una fresa es como un triángulo redondo.

Añade detalles como la línea ondulada que marca hasta donde ha bañado el chocolate y las ovaladas orejas de ratón.

Tartaleta de fruta

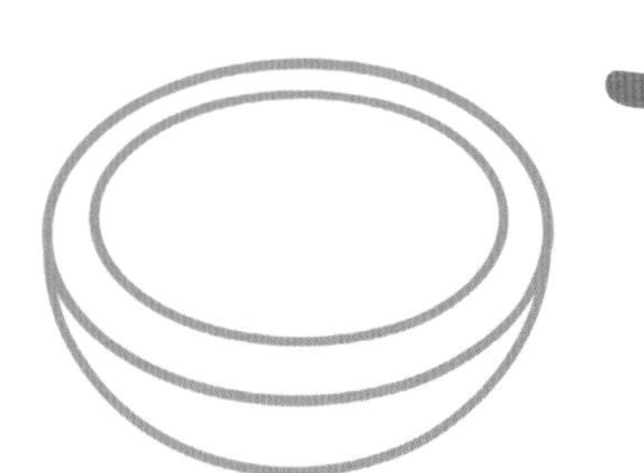

Las tartaletas de fruta tienen muchas partes diferentes, pero desglosarlas no es tan difícil.

Dibuja la fruta encima de la base de tartaleta. Empieza con formas simples como círculos y triángulos redondos.

Sigue añadiéndoles detalles a la fruta y a la tartaleta hasta que consigas este resultado final.

Gelatina de frutas

Los gatos y la fruta flotan dentro de esta gelatina. Para hacer que la gelatina parezca transparente, usa dos colores: un color claro alrededor del borde y un color más oscuro para el centro.

Pastel de fruta

Dibuja una rebanada de pastel con círculos dentro.

Convierte los círculos en animales redondos: yo he escogido un erizo.

BATIDOS
116
TÉS
118
BEBIDAS CON GAS
120
ZUMOS
122
CAFÉS
124
BEBIDAS SOFISTICADAS
126

Capítulo cinco

BEBIDAS MONAS

A los animales monos les gusta refrescarse en una bebida gaseosa bien fresquita o con un batido espeso y cremoso, o calentarse con un té o café reconfortantes.

BATIDOS

Hay varias maneras de integrar animales en los batidos. La criatura podría estar en la parte de arriba, flotando en el interior, o incluso siendo el vaso mismo.

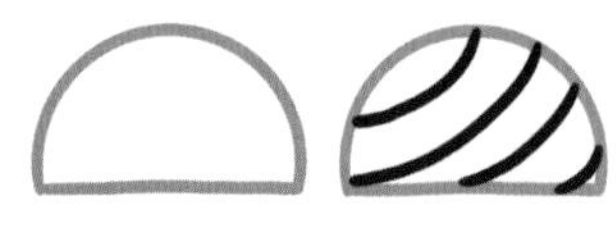

Dibuja un semicírculo, luego añade líneas curvas a la parte superior, para una bola de helado.

¡Convierte cualquier taza en un animal! Imagina que tienes una taza, añádele cabeza, extremidades y cola.

Un batido es una bebida dulce hecha de leche y helado. Se le pueden añadir muchos ingredientes y siropes para que el sabor sea aún más dulce y la bebida más bonita.

TÉ

Taza de té

Las bolsas de té contienen las hojas de té y se pueden dejar en la taza mientras te lo tomas. Dibuja una cara en la taza, pero las orejas colócalas ¡dentro del té!

Té elegante

Vamos a dibujar una taza de té muy elegante. Lo más importante es hacerla con muchas curvas.

Añade detalles delicados, como diseños florales o pequeñas líneas onduladas.

El toque final es un animalito relajándose en la bebida caliente.

Té de burbujas

El té de burbujas es una mezcla de leche y té.

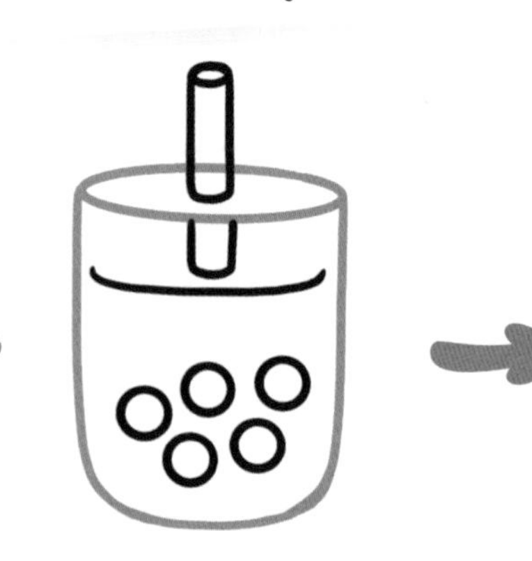

El té de burbujas contiene bolitas masticables llamadas bobas.

Les puedes poner rasgos animales a las bobas.

Intenta dibujar una tetera
y un juego de té. Empieza el
cuerpo de la tetera con un círculo.
Extienda la boquilla desde el cuerpo
y añade el mango y también
una base de apoyo y una tapa.
Empieza a parecerse a un elefante.
Añade los rasgos faciales. Ahora
parece un elefante mono y feliz.
Dibuja también una
pequeña taza para verter
el té caliente. Ahora
tienes un juego de té.

BEBIDAS CON GAS

Bebidas en lata

La base de una lata de bebidas es un cilindro.

Añade los detalles de la lata, como la lengüeta para abrirla que hay arriba.

Crea el diseño de tu lata. Dibuja una cara de animal grande y mona en la parte de adelante.

Bebidas en botella

Las botellas de bebidas también son cilíndricas.

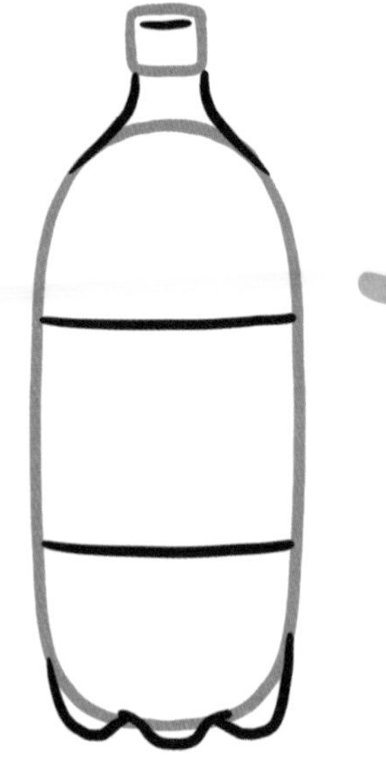

Dibuja los detalles de la botella, como las curvas inferiores que forman la base.

Añade tu propio diseño de burbujas e incluye algunos animalitos que floten dentro felizmente.

Las bebidas gaseosas pueden parecer elegantes si se presentan bien. Añade gajos de fruta o aderezos que complementen los colores de la bebida.

ZUMOS

Cartón de zumo

Un cartón de zumo parece una casa pequeña.

Dibuja en una pajita doblada para completar el cartón de zumo.

Esta última parte depende de ti. ¿Con qué sabor quieres colorear tu cartón de zumo?

Gato-piña

Ciervo-melocotón

Conejo-uva

Liebre-naranja

De cartones de zumo los hay de muchas formas y tamaños. Puedes dibujar a tu criatura en el envase o convertir el cartón en la criatura, como este mono.

Vaso de zumo

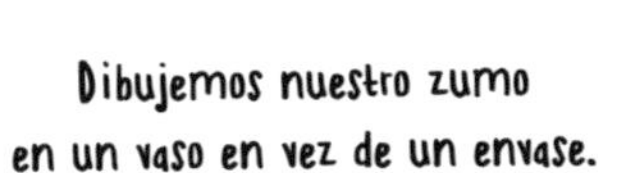

Dibujemos nuestro zumo
en un vaso en vez de un envase.

Dibuja dentro del vaso la forma base
de una foca. Añade un círculo en el
borde para una fruta de decoración.

Pinta tu vaso de zumo de frutas.
Este tiene un refrescante zumo de
piña, ideal para un día caluroso.

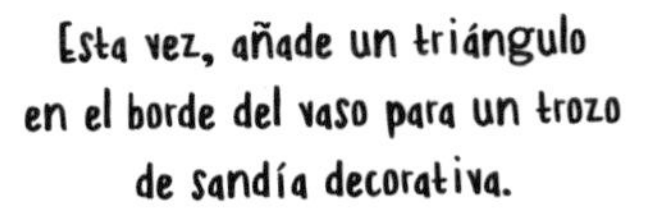

Esta vez, añade un triángulo
en el borde del vaso para un trozo
de sandía decorativa.

Pinta el dibujo con colores
rosados brillantes y añade los
detalles al trozo de sandía.

CAFÉ

Café para llevar

Dibuja una taza de café para llevar.

Añade una funda alrededor de la taza. Esto te protege de los líquidos calientes.

Colorea tu monísima funda animal y la taza de café.

Arte del café con leche

Algunos baristas crean arte genial con la espuma del café. El arte del café con leche es una forma creativa de incluir animales en el café.

Arte 3D del café con leche
Algunos baristas incluso crean arte 3D con espuma: esta es otra forma divertida de incluir un animal a tu bebida.
Café con hielo
Las bebidas de café también puede ser frías.
Dibuja hielo dentro del recipiente y espuma encima el café.
Dale rasgos animales a la espuma y añade sirope de caramelo y una pajita.

BEBIDAS SOFISTICADAS

Cristalería sofisticada

Las bebidas sofisticadas se sirven en copas sofisticadas. Aquí tienes una simple copa hecha de triángulos.

Añade un círculo al borde de la copa; será tu pájaro.

El color es muy importante porque hace que ¡la bebida resalte! Empieza con un color claro arriba y ves oscureciéndolo a medida que vayas bajando.

Todos los pájaros se pueden comenzar con un círculo o una base ovalada.

Limonada sofisticada

Esta copa está formada por dos partes: la de arriba es cilíndrica y la de abajo, triangular.

Tu animal puede estar refrescándose en el fondo de la bebida.

Especial de verano

Comienza esta copa con un círculo y dos óvalos.

Conecta las formas para formar la copa. Añádele una sombrillita pequeña.

¡Así parece que la criatura está relajándose a la sombra un caluroso día de verano!

AGRADECIMIENTOS DE LA AUTORA

Kenny, gracias por estar a mi lado cuando necesitaba otra mano.